저자가 제안하는 필사 방법

첫 번째, 문장을 눈으로 읽으세요.
두 번째, 눈으로 읽었던 문장을 입으로 소리 내어 다시 읽으세요.
세 번째, 이제 옮겨 씁니다. 쓰고 있는 글자를 동시에 나지막이 소리 내면서 필사하면 더 좋습니다.

**하루 한 장
나의 표현력을 위한
필사 노트**

일러두기

1. 국내 시의 경우 현대 맞춤법이 아닌 발표 당시의 맞춤법을 따랐으며 해석이 필요한 경우 현대 맞춤법에 따라 재차 수록했습니다.
2. 사후 70년이 되어 저작권이 해제된 작품에는 특별한 경우를 제외하고 수록된 도서를 따로 명기하지 않았습니다.
3. 도서명은 《 》로, 그 외 시, 소설 등의 작품명은 〈 〉로 묶어 표기했습니다.
4. 독자의 편의를 위해 작품의 장르는 시, 소설, 희곡, 산문, 노랫말, 동화, 우화 등 일곱 가지로만 명기했습니다. 특히 산문과 관련해 다양한 장르가 있으나 세부적으로 구분하지 않고 편의상 산문으로 통일한 점을 이해해주시기 바랍니다.
5. 이 책에 실린 인용문은 '한국문학예술저작권협회'와 '한국음악저작권협회', 출판권을 가진 출판사, 저자와의 소통을 통해 저작권자의 동의를 얻었습니다. 단, 출간 당시 저작권자를 찾기가 어려워 부득이하게 허가를 받지 못한 작품에 대해서는 추후 저작권이 확인되는 대로 적법한 절차를 진행하겠습니다.
6. 이 책에 수록된 인용문 중 일부는 저자의 의도에 따라 묶음으로 필사하기를 권합니다. 해당 구절들은 작품 번호 뒤에 색칠된 원(●) 표시로 구분했습니다. 가급적 표시된 순서대로 필사하기를 권합니다.

오랜 세월이 흐른 뒤, 참나무에
화살은 아직 그대로 박혀 있었다.
노래도 처음부터 마지막 구절까지
친구의 가슴속에 숨어 있었다.

_헨리 워즈워스 롱펠로우, 〈화살과 노래〉 중에서

서문 필사, 참모습대로 살기 위하여　　　　　　　　　012

첫 번째 걸음　표현과 친해지기

❶ 발견가가 되자

001 트리나 폴러스 《꽃들에게 희망을》　　　　　　022
002 이디스 워튼 《순수의 시대》　　　　　　　　　024
호모 엑스핑고로서 표현하기 ①　　　　　　　　　026
003 아스트리드 린드그렌 《내 이름은 삐삐 롱스타킹》　028
004 허수경 《가기 전에 쓰는 글들》　　　　　　　　030
005 올더스 헉슬리 《멋진 신세계》　　　　　　　　032
006 리처드 바크 《갈매기의 꿈》　　　　　　　　　034
007 프리드리히 니체 〈나의 행복〉　　　　　　　　036
호모 엑스핑고로서 표현하기 ②　　　　　　　　　038
008 헤르만 헤세 〈아우구스투스〉　　　　　　　　　040
호모 엑스핑고로서 표현하기 ③　　　　　　　　　042

❷ 있는 그대로+α

009 윤효 〈김영태 선생님〉　　　　　　　　　　　044
010 린위탕 〈행복은 관능적인 것〉　　　　　　　　046
011 이남호 〈북한산의 오월〉　　　　　　　　　　048
012 김용택 〈강 건너 밤나무 숲의 일이다〉　　　　　050
013 앙투안 드 생텍쥐페리 《인간의 대지》　　　　　052
014 트루먼 카포티 《티파니에서 아침을》　　　　　054
015 최인호 〈깊고 푸른 밤〉　　　　　　　　　　　056
016 김종삼 〈묵화墨畫〉　　　　　　　　　　　　　058
017 라이너 쿤체 〈당부, 그대 발치에〉　　　　　　060
호모 엑스핑고로서 표현하기 ④　　　　　　　　　062

❸ α(알파)의 전개

018 권정생 〈인간성에 대한 반성문 2〉　　　　　　*064*
019 윌리엄 셰익스피어 《폭풍우》　　　　　　　　*066*
020 윌리엄 블레이크 〈독나무 Poison Tree〉　　　　*068*
021 이제니 〈사과와 감〉　　　　　　　　　　　　*070*
022 권정생 〈인간성에 대한 반성문 1〉　　　　　　*072*
023 박준 〈구월 산문〉　　　　　　　　　　　　　*074*
024 롤랑 바르트 《사랑의 단상》　　　　　　　　*076*
025 플라톤 《향연》　　　　　　　　　　　　　　*078*
026 백석 〈멧새 소리〉　　　　　　　　　　　　　*080*
027 양명문 〈명태〉　　　　　　　　　　　　　　*082*
028 루시드폴 〈고등어〉　　　　　　　　　　　　*084*
호모 엑스핑고로서 표현하기 ⑤　　　　　　　　*086*

❹ 이해한 만큼 표현할 수 있다

029 윤동주 〈달을 쏘다〉　　　　　　　　　　　　*088*
030 윤동주 〈자화상自畵像〉　　　　　　　　　　*090*
031 찰스 다윈 《종의 기원》　　　　　　　　　　*092*
032 존 파울즈 《프랑스 중위의 여자》　　　　　　*094*
033 유홍준 〈나의 문화유산답사기 1 초판 시문〉　　*096*
034 소어 핸슨 《깃털》　　　　　　　　　　　　　*098*
035 손철주 〈희고, 검고, 마르고, 축축하고〉　　　　*100*
036 김승희 〈콩나물의 물음표〉　　　　　　　　　*102*

두 번째 걸음　표현력을 기르는 비결 1: 짜임새

❶ 대비감으로 충돌시키기

037 진성탄 〈참다운 유쾌함 33 중 17〉　　　　　　　　　　*110*
038 헨리 루더포트 엘리어트 〈웃어버려라〉　　　　　　　*112*
039 천양희 〈생각이 달라졌다〉　　　　　　　　　　　　*114*
040 백석 〈물닭의 소리 중 야우소회夜雨小懷〉　　　　　*116*
041 원효대사 〈옷을 지을 때는 작은 바늘이 필요하니〉　*118*
042 주자 〈베어버리자니〉　　　　　　　　　　　　　　*120*
043 왕수인 〈폐월산방시蔽月山房詩〉　　　　　　　　　　*122*
044 한용운 〈사랑〉　　　　　　　　　　　　　　　　　*124*

❷ '점점漸漸'으로 연결하기

045 자크 프레베르 〈공원〉　　　　　　　　　　　　　　*128*
046 권대웅 〈분꽃〉　　　　　　　　　　　　　　　　　*130*
047 박경용 〈귤 한 개〉　　　　　　　　　　　　　　　*132*
048 마쓰이에 마사시 《여름은 오래 그곳에 남아》　　　*134*
049 작자 미상 〈못 하나가 없어서〉　　　　　　　　　　*136*
050 함민복 〈사과를 먹으며〉　　　　　　　　　　　　　*138*
051 박지원 〈주공탑명麈公塔銘〉　　　　　　　　　　　*142*

❸ 역설로 뒤집기

052 장 드 라 퐁텐 〈여우와 포도〉　　　　　　　　　　　*146*
053 유하 〈나무〉　　　　　　　　　　　　　　　　　　*148*
054 루쉰 〈고향〉　　　　　　　　　　　　　　　　　　*150*
055 쇼펜하우어 〈사랑하지도 말고 미워하지도 말라〉　　*152*
056 오스카 와일드 〈윈더미어 부인의 부채〉　　　　　　*154*
057 로맹 가리 〈새들은 페루에 가서 죽다〉　　　　　　　*156*
058 산도르 마라이 〈전망〉　　　　　　　　　　　　　　*158*

❹ 의미의 흐름

059 정채봉 〈찔레꽃 아침〉 …… *162*
060 황순원 〈산골아이〉 …… *164*
061 작가 미상 《춘향전》 …… *166*
062 서정주 〈추천사―춘향의 말 1〉 …… *168*
063 구양수 〈가을의 소리에 대하여秋聲賦〉 …… *170*
064 욘 포세 《아침 그리고 저녁》 …… *172*
065 김현 〈말들의 풍경〉 …… *174*
066 막스 피카르트 〈시간과 침묵〉 …… *176*
호모 엑스핑고로서 표현하기 ⑥ …… *178*

세 번째 걸음 | 표현력을 기르는 비결 2: 비유

❶ 갖다 붙이기

067 김춘수 〈구름〉 …… *188*
068 헤르만 헤세 〈아름답고 우울한 구름〉 …… *190*
069 이옥 〈상추쌈〉 …… *192*
070 알베르 카뮈 〈티파사에서의 결혼〉 …… *194*
071 알베르 카뮈 《이방인》 …… *196*
072 이상 〈산촌여정〉 …… *198*
073 문덕수 〈꽃과 언어〉 …… *200*
074 김이듬 〈달에서 더 멀리〉 …… *202*
075 박창학 〈소심한 물고기들〉 …… *204*
076 루이스 캐럴 《거울나라의 앨리스》 …… *206*
077 박지원 〈열녀 박씨의 죽음〉 …… *208*
078 베르길리우스 《아이네이스》 …… *210*
079 윌리엄 셰익스피어 〈십이야〉 …… *212*

080	폴 오스터 《기록실로의 여행》	214
081	윌리엄 해즐릿 〈왜 먼 것이 좋아 보이는가〉	216
082	안미옥 〈트리거〉	218
083	이광호 〈당신, 냄새의 세계〉	220
084	루시 모드 몽고메리 《에이번리의 앤》	222
085	서은국 〈행복은 아이스크림이다〉	224
086	앙투안 드 생텍쥐페리 《야간 비행》	226
호모 엑스핑고로서 표현하기 ⑦		228

❷ 빗대기

087	단테 알리기에리 《신곡_천국편》	230
088	허균 〈낙화落花〉	232
089	에픽테토스 〈매사에 자신의 차례가 오기를 기다리십시오〉	234
090	스탕달 《적과 흑》	236
091	장자 〈소요유逍遙遊〉	238
092	최진석 〈마음의 두께를 쌓아가는 사람〉	240
093	박지원 〈능양시집서菱洋詩集序〉	242
094	은희경 〈아내의 상자〉	244
095	오노레 드 발자크 《골짜기의 백합》	246
096	김소월 〈먼 후일〉	248
097	모니카 마론 《슬픈 짐승》	250
098	최인호 〈밤눈〉	252
099	버지니아 울프 《자기만의 방》	254
100	라이너 마리아 릴케 《말테의 수기》	256
101	미셸 트루니에 〈인생 그림자〉	258
102	파스칼 키냐르 《로마의 테라스》	260
103	헨리크 입센 〈유령〉	262
호모 엑스핑고로서 표현하기 ⑧		264

| 네 번째 걸음 | **표현력이 주는 힘** |

❶ 잇다

104	정세랑 《덧니가 보고 싶어》	*274*
105	마욜린 판 헤임스트라 〈달의 박물관〉	*276*
106	오스카 와일드 〈행복한 왕자〉	*278*
107	시그리드 누네즈 《어떻게 지내요》	*280*
108	정희성 〈민지의 꽃〉	*282*
109	심보선 〈사랑은 나의 약점〉	*284*
110	도정일 〈시 배달부의 인기〉	*286*
111	마종기 〈우화의 강 1〉	*288*
112	정현종 〈방문객〉	*292*
113	레프 톨스토이 〈생각 하나가〉	*294*
114	이향아 〈자장가〉	*296*
115	정호승 〈어머니를 위한 자장가〉	*298*
호모 엑스핑고로서 표현하기 ⑨		*300*

❷ 깨다

116	이시영 〈소나기〉	*302*
117	산도르 마라이 〈모험〉	*304*
118	대실 해밋 《몰타의 매》	*306*
119	페르난두 페소아 《불안의 서》	*308*
120	찰스 슐츠 〈나의 예술〉	*310*
121	마크 헤이머 〈여러 갈림길〉	*312*
122	이반 투르게네프 〈첫사랑〉	*314*
123	필립 로스 《전락》	*316*
124	더글라스 케네디 《빅 픽처》	*318*

125 파트릭 모디아노 《어두운 상점들의 거리》		*320*
126 작자 미상 〈찬도그야 우파니샤드〉		*322*
호모 엑스핑고로서 표현하기 ⑩		*324*

❸ 헤다

127 이상국 〈용대리에서 보낸 가을〉		*326*
128 이자크 디네센 〈바베트의 만찬〉		*328*
129 이성복 〈아주 흐린 날의 기억〉		*330*
130 로맹 롤랑 《장 크리스토프》		*332*
131 라이너 마리아 릴케 〈젊은 시인에게 주는 충고〉		*334*
132 마거릿 애트우드 《페넬로피아드》		*336*
133 최승범 〈가락도 장단도 없는 즐거운 소음〉		*338*
134 모리사와 아키오 《에밀리의 작은 부엌칼》		*340*
135 장 자크 루소 《고독한 산책자의 몽상》		*342*
136 강은교 〈사랑법〉		*344*
137 도연명 〈신석神釋: 정신이 몸과 그림자에게〉		*348*
호모 엑스핑고로서 표현하기 ⑪		*352*

❹ 짓다

138 허먼 멜빌 《모비 딕》		*354*
139 호메로스 《일리아스》		*356*
140 작자 미상 《바가바드 기타》		*358*
141 오규원 〈발자국과 깊이〉		*360*
142 유안진 〈상처가 더 꽃이다〉		*362*
143 레너드 코헨 〈송가Anthem〉		*364*
144 오세영 〈그렇지 않더냐〉		*366*

145	김혜순 〈생일〉	*370*
146	반칠환 〈웃음의 힘〉	*374*
147	오희삼 〈돌매화, 별을 사랑한 화구벽의 눈물〉	*376*
148	미야자와 겐지 《비에도 지지 않고》	*378*
149	박경리 《약이 되는 세월》	*380*
호모 엑스핑고로서 표현하기 ⑫		*382*

필사, 참모습대로 살기 위하여

처음 썼던 필사 노트를 찾아 뒤적였습니다. 너무 오래되어 낱장마다 누렇게 변색되었고, 머지않아 바스러질 듯합니다. 열서너 살 무렵, 책상 앞에 앉아 스탠드의 노란 백열전구 하나 켜는 것으로 나만의 세상을 만들고, 노트에 정성스레 글귀를 따라 적어 내려가던 추억이 생생한 것과 대조적입니다. 몸 안에 있는 추억은 늙지 않고 밖에 있는 사물만 나날이 늙어갑니다. 이런 와중에 노트에 필사한 구절들은 한결같이 낡지 않아 불멸을 체험하게 합니다. 그러던 중 이 구절을 발견했습니다.

"모든 일이 지겨운 일뿐이지만 정말로 사람의 마음은 아름다운 것이라고 지금도 믿고 있어요."

《안네의 일기》에 나오는 글귀입니다. 의외였습니다. 제 취향이 아니라

서요. 예나 지금이나 '사람의 마음은 아름답다'는 말을 믿지 못해서요. 취향도 아니고 믿지도 않으면서 왜 옮겨 적었을까……. 자문 끝에 필사의 새로운 매력을 알아차렸습니다.

아마도 '모든 일이 지겨울 뿐이지만'에 꽂혔을 겁니다. 열서너 살에 벌써 모든 일이 지겨웠어요. 그 지겨움에서 혹시 아름다울지 모를 사람의 마음을 통해 탈출할 수 있지 않을까 하는 희망을 걸고 싶었던 모양입니다. 40여년 만에 유리병 편지처럼 돌아온 글귀를 보면서 지난날을 되돌아봅니다. '사람의 마음은 아름다운 것'이라는 말을 믿지 않으면서 사람의 마음만이 생을 건져 올릴 수 있으리라 예감했으니 이 얼마나 지극한 모순인가요. 그 시절에 사람의 마음은 '몰이해 목록'의 최상단에 있었습니다. 무엇인지 전혀 이해하지 못하는 상태에서 '마음이 어쩌고저쩌고' 하는 꼴이었지요. 모순과 분열을 '처리'하고 싶었습니다. 그래야 갈피를 잡을 수 있을 것 같았습니다. 그 마음, 그 마음이 하는 일, 그 마음이 하는 일로 빚어지는 사람, 그 사람이 생성하는 삶과 세상, 그 삶과 세상에서 소멸하는 숱한 것들……. 미약하게나마 이해했다면 꾸준히 비틀거리면서도 디딘 '글' 덕분입니다. 특히 몸으로 읽은 필사가 스스로 인지하시 못한 희망을 따라가도록 이끌어주었습니다. 읽기가 경험이라면, 필사는 체험입니다. 모든 체험은 결국 내 것이 됩니다. 몸속에 딱 붙어 잃어버릴 수도, 빼앗길 수도 없는 온전한 내 것이요.

2024년 봄에 발간한 《하루 한 장 나의 어휘력을 위한 필사 노트》가 어휘의 성찬이었다면 《하루 한 장 나의 표현력을 위한 필사 노트》는 표현의 성찬을 체험할 수 있는 문장들로 차렸습니다. 어휘는 말이나 글로 표현하기 위해 필요한 최소 단위이니 이번 책은 전작에서 이어지는 다음 단계라 할 수 있습니다.

'호모 엑스핑고(Homo expíngo, 표현하는 인간)', 제가 명명한 인간의 본질입니다. 지구의 생명체 중 최하위 약체라고 해도 과언이 아니었던 인류가 생존을 넘어 번성한 비결이 고립이 아닌 협력에 있고, 이를 가능하게 한 도구는 이심전심이 아니라 언어라는 표현이었습니다. 협력과 소통의 필요에 따라 언어는 나날이 풍성해지고 동시에 세밀해졌지요. 모든 생명체는 어떤 형태로든 '살아 있다'는 신호를 보냅니다. 인간은 타자의 생각이나 느낌을 알고 싶어 하고, 자신의 생각이나 느낌을 알리고 싶어 합니다. 여기에서 생각이나 느낌을 아는 것이 '이해'이고, 생각이나 느낌을 알리는 것이 '표현'입니다. 이해해야 표현할 수 있고, 표현해야 이해할 수 있습니다. 이해와 표현은 톱니바퀴처럼 맞물려 있습니다. 표현력이 부족하면 자신의 생각이나 느낌을 의도대로 전달하지 못합니다. 또한 이해력과 맞물려 있어 표현의 고갱이인 생각이나 느낌을 이해하는 데 어려움을 겪습니다. 이렇게도 말할 수 있겠습니다. 이해한 만큼 표현할 수 있고, 표현한 만큼 이해할 수 있다고요. 무엇이 먼저가 아닙니다. 이해하지 못하고 있지만, 표현하면서 이해할 수 있습니다. 표현하지 못하고 있지만, 이해하면서 표현할 수 있습니다. 그럴 수 있는 가장 효율적인 방법이 책 읽기와 필사라 믿고 있습니다. 이해력과 표현력이 늘면 자아가 성장합니다.

이해력과 표현력의 필요는 협력과 소통에만 있지 않습니다. 보다 궁극적인 목적은 '자아실현'입니다. 쉬운 말로 하면 '성공'이지요. 자아실현이나 성공, 둘 다 오염된 어휘가 되어버렸지만 참뜻은 '자신의 참모습을 발휘하다'에 있습니다. 자신의 참모습을 이해하고 표현하며 그만큼 실행하는 삶이야말로 제가 그리는 성공한 삶입니다. 무엇보다 이때의 성공에는 허망함의 그늘이 없습니다. 성공한 자신을 디뎌 세상과 사람을 이해하고 그들의 표현에 귀 기울일 수 있을 것입니다. 이러한 선순환의 여정을 이끄는 글들을 저의 필사 노트와 책장에서 추렸고, 필사하는 동안 표현력이 점점 확장되는 체험을 할 수 있도록 순서를 꾸렸습니다.

  이 책에 누운 모든 글은 동서고금의 문장가들이 내놓은 세상과 사람, 삶을 이해하고 표현한 결과물입니다. 멀리서 빛을 발하며 날아와 당신 앞에 누운 글귀들이 참모습대로 살고 싶은 욕망을 추동하기를 소망합니다. 그 소망이 현실화될 때, "모든 일이 지겨운 일뿐이지만 정말로 사람의 마음은 아름다운 것이라고 지금도 믿고 있어요"라고 했던 안네의 눈물겨운 증언이 보편적 믿음이 될 수 있겠지요. 이런 일에 기여하는 것이 문학의 역할이라고 믿고 있습니다. 제가 의지한 빛의 조각들을 고마움과 간절함에 실어 당신에게 보냅니다. 진실로 당신이 성공하기를 바랍니다.

2025년 가을에

유선경

첫 번째 걸음

표현과 친해지기

통찰력을 비롯한 대부분의 생각이나 느낌은 추상입니다. 추상의 뜻풀이는 이러합니다. '여러 가지 사물이나 개념에서 공통되는 특성이나 속성 따위를 추출하여 파악하는 작용'. 이를 통해 추상이 뜬구름 같은 망상 등과 구별되며 고도의 인지능력이라는 사실을 알 수 있습니다. 마치 양편에 본능과 경험이라는 깃을 달고 날아드는 화살 같지요. 그 화살에 맞아 무언가를 두고 자기도 모르게 '생각'이나 '느낌'이라고 명명하는 것이 있다면 가벼이 넘기지 마세요. 또한 '표현'이라는 방법이 아니고는 화살을 뽑을 수 없다는 진실을 주지하세요. 고슴도치처럼 수많은 화살이 박힌 채로도 살 수 있습니다. 그렇지만 아플 겁니다. 갑옷처럼 되어버린 화살 때문에 숨 막힐 듯 답답할 겁니다.

앞서 모든 생명체는 어떤 형태로든 '살아 있음'이라는 신호를 보낸다고 했습니다. 표현은 사람이 보내는 '살아 있음'의 신호입니다. 살아 있는 사람에게 생각이나 느낌을 표현하지 말라고 하면, 억압을 넘어 죽은 사람처럼 있으라는 부조리가 됩니다. 한마디로 말이 아닌 허튼 소리지요.

　사람은 꼭 말이나 글로만 표현하지 않으며 비언어적 표현이 훨씬 많습니다. 대표적으로 몸짓과 표정, 환호나 괴성 같은 소리, 음악·미술·춤 등이 있습니다. 때로 말이나 글보다 더 정확하게 느낌을 표현하고 전달합니다. 말과 글은 가장 인위적일 뿐 아니라 자주 어긋나는 표현 수단입니다. 그렇게 만들고 마는 결정적 요소가 표현력입니다.

- 표현력　생각이나 느낌 등으로 추상화한 것을 말과 글로 구체화하는 힘.
- 생각　　❶ 사물을 헤아리고 판단하는 작용.

　　　　　❷ 어떤 사람이나 일 따위에 대한 기억.

　　　　　❸ 어떤 일을 하고 싶어 하거나 관심을 가짐. 또는 그런 일.
- 느낌　　몸의 감각이나 마음으로 깨달아 아는 기운이나 감정.

　현란하게 잘 꾸민 말이나 글을 두고 표현력이 좋다고 여긴다면 잘못되었습니다. 적어도 말이나 글에서 표현력이 뛰어나다는 것은 추상의 형태를 구체적인 것으로 바꾸는 힘이 좋다는 뜻입니다.

- 구체적　❶ 사물이 직접 경험하거나 지각할 수 있도록 일정한 형태와 성질을 갖추고 있는 것.

　　　　　❷ 실제적이고 세밀한 부분까지 담고 있는 것.

뜻풀이에 따라 다시 설명하면 말이나 글의 형태와 성질이 (의도와 내용을) 직접 경험하거나 지각하는 데 맞춤할수록, 실제적이고 세밀할수록 표현력이 좋다고 할 수 있습니다. 재차 강조하지만 표현력은 생각이나 느낌을 어떻게 구체화하느냐에 달려 있지, 얼마나 현혹시키느냐와 무관합니다. 재주에 빠져들어 재미나게 들었는데 다 듣고 나니 알맹이가 없어 '그래서 뭐가 어떻다는 소리야?' 하는 어리벙벙하고 허망한 경우가 얼마나 많습니까. 말이나 글로 꾸미는 솜씨가 현란해도 표현력이 부족할 수 있다는 소리입니다. 마치 요란한 빈 수레처럼 말이지요. 역설적이게도 억지스레 꾸미기를 버리고 생각이나 느낌을 구체화하기에 집중할수록 표현력이 나아집니다.

"나는 딱히 표현할 게 없는데?", "뭘 표현하라는 거야?", "굳이 표현해야 해?"라고 여길 수 있습니다. 바로 이 지점에서부터 시작해보려 합니다. 〈발견가가 되자〉 편에 무엇을 어떤 방향으로 표현해야 하는지, 관련한 글들을 모았습니다. 표현이 삶에 어떻게 잇닿아 있는지 알 수 있을 것입니다. 〈있는 그대로 + α〉와 〈α(알파)의 전개〉 편은 생각이나 느낌을 구체화하는 방법 중 하나로, 꾸미지 않아도 탁월하게 표현한 글들을 소개합니다. 〈이해한 만큼 표현할 수 있다〉 편은 이해에 따라 표현의 깊이나 폭이 어떻게 달라지는지 체감할 수 있도록 차렸습니다. 가능하면 순서대로 필사하기를 권합니다.

이번 장을 마친 다음에 '나도 이 정도는 표현할 수 있을 것 같은데?'라는 욕구가 생긴다면 당신 안에 이미 있던 호모 엑스핑고가 밖으로 나올 준비를 마쳤다는 신호입니다. 그와 하나가 되기 위해 걸음을 떼어볼까요.

❶ 발견가가 되자

색다르고 풍성한 표현을 하고 싶다면
공장에서 대량 생산하는 통조림처럼 똑같아지지 마세요.
우선 발견가가 되세요.

001

트리나 폴러스 《꽃들에게 희망을》

호랑 애벌레는 자기가 태어난 곳인
초록빛 나뭇잎을 갉아먹기 시작했습니다.

그 나뭇잎을 다 먹자, 또 다른 나뭇잎을 먹었습니다······.
그리고 또 다른 잎을 ······ 또 다른 잎을.

호랑 애벌레는 무럭무럭 자랐습니다······.
몸이 자꾸만 자꾸만 커졌습니다······.

그러던 어느 날, 호랑 애벌레는
먹는 일을 멈추고 생각했습니다.

"그저 먹고 자라는 것만이
삶의 전부는 아닐 거야.
이런 삶과는 다른 무언가가 있을 게 분명해.

그저 먹고 자라기만 하는 건 따분해."

김석희 옮김, 시공주니어, 1999, 2~4쪽

DATE . .

이디스 워튼 《순수의 시대》　　소설

뉴랜드는 가슴이 덜컥했다. 자신이 하고 있는 말은 모두 이런 처지의 젊은 남자가 해야 한다고 여겨지는 말이었고, 그녀가 하는 대답 또한 본능과 전통이 가르쳐 준 말들이었기 때문이다.
그를 독특한 사람이라고 하는 것까지 말이다.
「독특하다고! 우리는 종이 한 장을 접어서 오려 낸 인형들처럼 모두가 똑같아. 벽지의 무늬 같다고.
우리 둘이서 앞서 나갈 수는 없을까, 메이?」

고정아 옮김, 열린책들, 2008, 85쪽

똑같은 식으로 접은 종이에서 오려낸 인형들이라든가 벽지 무늬 같다는 표현은 19세기 말~20세기 초의 비유입니다. 제도와 규범이 생산한 똑같은 인간들이라는 의미지요. 공장에서 대량 생산이 시작된 20세기에는 같은 의미로 '통조림can'을 썼습니다. 호랑 애벌레는 그런 삶이 따분했고, 뉴랜드는 마음이 무거웠습니다. 그래서 생각했습니다. 다른 무언가가 있지 않을까……, 하고.

호모 엑스핑고로서 표현하기 1

당신이라면 호랑 애벌레가 느끼는 '따분함'이나 뉴랜드가 느끼는 '마음의 무거움'을 어떤 어휘로 표현하고 싶은가요.

1) 심심하다 따분하다 권태롭다 무료하다
   ← 하는 일이 없어 지루하고 재미가 없다.

   싫다 신통찮다 심드렁하다 시큰둥하다 떨떠름하다 귀찮다
   성가시다 거추장스럽다 번거롭다 달갑잖다 못마땅하다
   불만스럽다 언짢다
   ← 마음에 들지 않고 차지 않는다.

   싫증나다 지루하다 지겹다 지긋지긋하다 넌더리가 나다
   갑갑하다 답답하다
   ← 어떤 것이 더 이상 흥미를 끌지 못하거나, 귀찮아서 싫어하는 마음이 생기다.

   어휘로 표현하면 해결할 수 있는 실마리를 잡을 수 있습니다.

2) 이번에는 재미를 찾은 덕분에 흐뭇하게 기쁜 감정을 표현할 수 있는 어휘를 소개합니다.

　　즐겁다　재미있다　유쾌하다　신나다　신명나다　신바람이 나다
　　흥겹다　흥미롭다　흥미진진하다　흔쾌하다　통쾌하다
　　희희낙락하다　희열을 느끼다

앞서의 표현들이 절로 나오게 하는 삶의 기술을 다음 페이지의 삐삐에게서 배워봅시다.

아스트리드 린드그렌
《내 이름은 삐삐 롱스타킹》

"너희가 뭘 할 건지는 모르지만, 난 빈둥거리며 놀지는 않을 거야. 난 발견가야. 너희도 발견가라면 1분도 빈둥거릴 틈이 없을걸."

아니카가 물었다.

"네가 뭐라고?"

"발견가."

토미가 물었다.

"그게 뭔데?"

"그야 물건을 찾으러 다니는 사람이지. 아니면 무슨 뜻인 줄 알았어?(중략)"

"세상은 물건들로 가득 차 있어. 그러니 누군가가 그것들을 찾아내야 한다고. 그게 바로 발견가가 하는 일이야."

햇살과나무꾼 옮김, 시공주니어, 2017, 29쪽

'발견가'라는 어휘는 국어사전에 없습니다. '발견자'가 있지만, 삐삐가 의도하는 '발견가'와 절반만 닮았습니다. 풍성하게 표현할 수 있는 비결의 기본은 발견가가 되는 것입니다.
- 발견자: 미처 찾아내지 못했거나 아직 알려지지 아니한 사물이나 현상, 사실 따위를 찾아내거나 알아낸 사람.
- 발견가: 세상에 가득 차고 넘치는 물건을 포함한 사물, 현상, 사실, 규범 등에 대해 미처 찾아내지 못했거나 아직 알려지지 아니한 용도나 의미 따위를 찾아내거나 알아낸 사람.(저자 주)

먼저 발견가가 됩시다!

004

허수경 《가기 전에 쓰는 글들》

그 비 오는 여름에 바위들은 무슨 말이 하고 싶었을까?
바위로 만든 신전은 그 빗속에서 무슨 말을 하고 싶었을까?
광물질인 바위에다 자신의 영혼을 나누어주었던 독수리는, 제비는, 무슨 말을 하고 싶었을까?
흙은, 이제 막 우리가 깨워냈던 흙들은 자신의 가슴에 묻어둔 토기를 드러내며 무슨 말을 하고 싶었을까?

DATE   .   .

발견가는 사물과 대상을 볼 때 궁금합니다. '무슨 말을 하고 싶었을까?', '무슨 말이 하고 싶을까?' 미처 찾아내지 못했거나 아직 알려지지 않은 이야기들이 궁금해 자기Ego를 버리고 사물이나 대상의 입장이 되어 귀 기울입니다.

올더스 헉슬리 《멋진 신세계》 `소설`

"자네는 지금까지" 하고 그가 천천히 말을 꺼냈다.
"자네의 내부에 무엇인가 숨어 있어서 자네가 그것을 끄집어낼 때까지 기다리고 있는 것 같은 그런 느낌을 느껴 본 적 없나? 자네가 사용하지 않고 있는 여분의 힘과 같은 것 말일세. 그러니까 터번 속을 통과하지 않고 폭포로 그냥 떨어지는 물과 같은 것 말야."

이덕형 옮김, 문예출판사, 2024, 95쪽

☀ 정작, 그리고 훨씬 중요한 무엇. 스스로 끄집어내지 않으면 평생 모를 그 무엇.

리처드 바크 《갈매기의 꿈》 　　　　　　　　　　　소설

사정을 모르시네요. 제 날개요. 저는 날개를 움직일 수가 없는걸요.

메이너드, 지금 여기에서 너 스스로, 네 본모습이 될 수 있는 자유를 가졌고 그 무엇도 네 길을 막을수는 없다.
그것이 '위대한 갈매기'의 법, 진짜 법이다.

제가 날 수 있다는 말인가요?

나는 네가 자유롭다고 말하는 것이다.

공경희 옮김, 나무옆의자, 2018, 98쪽

DATE   .   .

할 수 있다, 할 수 없다가 아닙니다. 당신이 자유롭다고 말하는 것입니다.

프리드리히 니체 〈나의 행복〉

나의 행복
추구하는 데 지쳐
발견하는 방법을 익혔다.
역풍을 만난 뒤에는
어떤 바람하고도 함께 갈 수 있게 되었다.

《즐거운 지식 Die fröhliche Wissenschaft》, 1882

DATE   .   .

- 행복을 추구하지 마세요. 발견하는 방법을 익히세요. 인생이라는 망망대해를 무사히 헤쳐 나갈 수 있게 돕는 돛으로 삼을 수 있습니다.

호모 엑스핑고로서 표현하기 2

당신은 무엇을 추구합니까. 무엇을 바랍니까.

나는 [   ] 을(를) 추구한다(바란다).

동사(움직씨)를 바꿔봅시다.

나는 [   ] 을(를) 발견한다.

더 나아가 이렇게 바꿔봅시다.

나는 [   ] 을(를) 발견하는 방법을 배우고 있다.

동사(움직씨) 하나만 바꿔도 관점이 달라집니다.

당신을 움직이게 만드는 동사가 있다면 무엇인가요?

참고로 '표현하다'도 동사입니다. 마음이 움직여서 표현하기도 하지만 표현하면 마음이 움직입니다. 당신이 움직입니다.

헤르만 헤세 〈아우구스투스〉

[소설]

그는 길을 떠돌면서 사람들이 자신에게 무엇을 기대하는지, 무엇에 기쁨을 얻는지 배웠다. 어떤 사람은 활기차고 씩씩한 인사에서, 어떤 사람은 조용한 시선에서, 또 어떤 사람은 그를 방해하지 않고 길을 비켜 주는 데서 기쁨을 얻었다. 이 세상에는 얼마나 많은 불행이 있는지, 그런데도 얼마나 만족해하며 살아갈 수 있는지, 그는 그런 사실을 깨닫고 매일같이 놀랐다. 온갖 고통 곁에 즐거운 웃음, 죽음을 알리는 모든 종소리 곁에 아이의 노래, 온갖 곤경과 비천함 곁에 점잖음과 기지, 위로와 미소가 있다는 것이 그에게는 언제나 멋지고도 감격적이었다.
그에게는 인생이 탁월하게 정리되어 있는 듯 보였다.

《환상동화집》, 홍성광 옮김, 현대문학, 2013, 116쪽

DATE   .   .

☀ '모든 사람에게 사랑받는' 축복을 받고 태어난 아우구스투스는 자신이 무엇을 어떻게 해도 사랑받는 바람에 지독한 권태에 빠져버립니다. 그 축복이 사라지자, 그는 발견가가 되었습니다. 이전에 보이지 않던 '인간의 삶'을 발견하고 충만함을 얻습니다.

호모 엑스핑고로서 표현하기 3

호모 엑스핑고는 발견가입니다.

발견가가 되는 비결은 소설가 마르셀 프루스트가 한 이 말에 들어 있습니다.

"진정한 발견은 새로운 땅을 찾는 것이 아니라 새로운 눈을 가지는 것이다."

새로운 눈을 가진다는 것은 지금까지 앞에서만 봤다면 옆에서도 보고, 뒤에서도 보고, 위로 올려보고, 아래로 내려본다는 뜻입니다. 더 나아가 옆, 뒤, 위, 아래라는 기준조차 허무는 것입니다. 예를 들어 우주 공간에서는 동서남북이라든가, 위·아래가 무의미합니다. 면만 있으면 벽으로 기댈 수 있고, 천장으로 올려다볼 수 있고, 바닥으로 딛고 설 수 있지요. 그렇게 생각과 느낌을 활짝 펼칠 수 있다면 얼마나 많은 것을 발견할 수 있을까요. 그러려면 우선, 보던 것만 보지 말기, 가던 곳만 가지 말기, 하던 말만 하지 말기, 하던 생각만 하지 않기.

이제, 당신이 생각하는 발견가란 어떤 존재인가요?

❷ 있는 그대로+α

사물이나 대상, 현상 등을 자세하게 관찰하고
있는 그대로 옮기세요.
그러나 플러스 알파를 잊지 마세요.

윤효 〈김영태 선생님〉

부적초등학교 6학년 1반 우리 담임선생님은 풍금을 잘 치지 못하였습니다.

그래서 아이들에게 늘 음악책을 갖고 다니게 하였습니다.

그리고는 국어나 산수 수업을 하다가도 옆 반에서 노랫 소리가 들리면

얼른 음악책을 꺼내 놓고 그 옆 반의 노래를 따라 부르게 하였습니다.

그렇지만 나는 6학년 때 그렇게 배운 노래들을

30년이 지난 지금도 가장 잘 부릅니다.

《물결》, 다층, 2001

표현을 할 때 바탕은 '있는 그대로'입니다. 사물이나 대상, 현상 등을 있는 그대로 담백하게 표현하는 자세는 글·말의 기본입니다. 여기서 '있는 그대로'의 구체적 의미는 자신의 느낌이나 생각, 주장을 관철시키려고 무리하거나 억지 부리지 않는 것이라 하겠습니다. 있는 그대로 표현하는 자세가 배면 꾸미는 말 대신 정확하고 진솔한 표현을 찾게 됩니다. 이러한 표현은 뭉툭한 듯해도 깊숙이 파고듭니다. 그 파고드는 여운을 주는 것이 '그렇지만 나는 6학년 때 그렇게 배운 노래들을 30년이 지난 지금도 가장 잘 부릅니다'라는 알파 문장입니다. 만약 이 알파 문장이 없었다면 그저 어느 날의 기록이 되어버렸겠지요.

린위탕 〈행복은 관능적인 것〉

산문

어느 여름날 한낮이 겨워, 지평선을 바라다보고 있노라면 검은 구름이 뭉게뭉게 피어오르는 것이 보인다. 15분가량 지나면 초여름의 소나기가 퍼부을 게 틀림없다. 비를 온몸에 맞고 싶지만 우산도 받지 않은 채 빗속을 거니는 것도 어쩐지 쑥스러운 생각이 든다. 그래서 얼른 바깥으로 나가 들판 한가운데에서 소나기를 만난 것으로 구실을 댄다. 이윽고 흠뻑 젖은 몸으로 돌아와서 집안 식구들에게는 '뭐 비를 조금 맞았어'라고 말하는 그 순간.

《생활의 발견》, 안동민 옮김, 문예출판사, 2012년, 81쪽

린위탕이 '이를테면, 내 경우라면 진짜 행복한 때란 바로 다음과 같은 경우'라면서 소개한 장면들 중 하나입니다. 구실이라고 둘러대며 천연덕스럽게 거짓말하는 알파 문장이 없었다면 '진짜 행복'이라는 느낌이 덜했을 거예요.

이남호 〈북한산의 오월〉

나는 큰 나무 아래서 하늘을 보았고, 연두색 나뭇잎의 흔들림을 보았고,
책을 읽었고, 음악을 들었다. 낮잠도 잤고, 밥도 먹었고, 차도 마셨다.
자리를 조금 옮겨 큰 바위로 올라가 산 아래 마을을 내려다보며
나와는 다른 세상의 하루에 대해서도 생각해보았다.
저물녘이 되면 숲에는 어둠보다 먼저 막막한 외로움이 스며든다.
이제 숲을 떠나야 할 시간이다.
아마도 저 산 아래 마을로 내려가면 집들의 창에는 불이 하나둘씩 켜지리라.

《일요일의 마음》, 생각의나무, 2007, 34~35쪽

'있는 그대로'가 단순한 기록을 넘어 창작이 되려면 사유가 필요합니다. 앞의 글에서 이어지는 저자만의 사유가 담긴 글은 다음과 같습니다. "이렇게 오월의 어느 하루는 지나갔다. 아무것도 하지 않은 무위의 시간이었지만, 나의 모든 감각과 사유와 내면은 활발하게 움직인 바쁜 하루였다. 아마도 감각과 사유와 내면에도 피부라는 것이 있다면, 그 피부는 열탕에서 갓 나온 것처럼 발갛게 상기되었을 것이다. 숲에서 보낸 나의 하루와는 무관하게 세상의 하루도 저 어둑한 산등성이를 넘어간다. 나는 오늘 하루, 세상이라는 답답한 미궁의 어느 모퉁이에 나만 아는 조그만 환기 구멍을 하나 만들었던 것 같다."

김용택 〈강 건너 밤나무 숲의 일이다〉

보름 지나 한쪽이 살짝 무너진 달이 높이 떠 있다. 달이 노랗다.

마을 쪽 밤나무 숲 위로 떠 있다. 달이 강을 건너 강변을 지나왔을 텐데, 이슬은 잠 깨지 않았다. 꾀꼬리가 가까운 거리에서 운다.

울음소리가 너무도 또렷해 놀랐다. 꾀꼬리 우는 곳을 뒤돌아보았다.

나는 뒤돌아볼 때, 돌아본 뒤가 좋다. 그곳도 밤나무 숲이다.

꾀꼬리는 노란색의 끝판같이, 터질 듯 팽팽하다.

가만히 멈추고, 서서 바라보았다.

한 번 울고 몸을 왼쪽으로 한 발짝 움직이고 한 번 울고 몸을 오른쪽으로 한 발짝 움직인다. 제자리에서 발만 들었다 놓았다, 하는 것 같다.

푸른 밤나무 숲에서, 노랗게 말이다.

뒤돌아본 강 건너 일이다.

《아침산책》, 나남, 2024, 129쪽

새가 우는 소리를 듣고 뒤돌아본 적이 있나요. 만약 있다면 '뒤돌아볼 때, 돌아본 뒤가 좋다'는 글귀에 공감할 것입니다. 찰나에 청각이 시각으로 전환되는 환각을 느낍니다. 생생히 겪은 일들을 '뒤돌아본 강 건너의 일이다'라는 문장 하나로 깔끔하게 마무리하면서 동시에 새 울음소리처럼 긴 여운을 남깁니다. 이 또한 알파 문장의 힘이지요.

앙투안 드 생텍쥐페리 《인간의 대지》

소설

우리 발밑에 있는 골짜기는 돌 없는 사막으로 빠져나가는데, 그 사막의 반짝이는 흰빛은 눈을 태우는 듯하다. 시야에 닿는 곳까지 아무것도 없다. 그러나 지평선에는 광선의 장난으로 이미 더욱 마음에 걸리는 신기루들이 생긴다. 요새와 이슬람사원의 첨탑과 수직으로 된 규칙적인 건물 집단들이다. 나는 또 식물 행세를 하는 커다란 검은 점도 발견한다. 그러나 그것은 낮에 흩어졌다가 저녁에 다시 생겨날 구름 중 마지막 남은 구름에 덮여 있다. 그것은 구름층의 그림자에 지나지 않는다.(중략) 신기루 저편 지평선에는 정말 도시와 단물이 흐르는 운하와 풀밭이 꽉 들어찼는지도 모른다. 나는 발길을 돌이키는 것이 옳다고 생각은 한다. 그러면서도 이 무서운 방향 전환을 할 때에 파멸 속으로 빠져 들어가는 듯한 느낌이 든다.

안응렬 옮김, 동서문화사, 2017, 104쪽

우편기 조종사였던 생텍쥐페리가 사막에 조난당해 여섯 시간째 모래 골짜기를 걸으면서 절절히 체험한 신기루 이야기입니다. 실제로 본 적 없는 신기루이지만 생생히 읽히는 비결은 일상어를 가지고 있는 그대로 표현한 덕입니다. 또한 '신기루'를 상징이라 여기고 읽으면 '나는 발길을……' 이후의 알파 문장이 보편적 공감을 불러일으킵니다. 발길을 돌이키는 것이 옳은 줄 알면서 그러기 힘들었던 순간들, 당신에게도 있을 것입니다. 설령 돌이키지 못했다 한들 시비의 영역일까요. 다음 장에 그 이유가 있습니다.

트루먼 카포티 《티파니에서 아침을》 소설

내가 찾아낸 방법 중에 가장 효과적인 건 그저 택시를 잡아타고
티파니에 가는 거예요. 그러면 즉시 마음이 가라앉죠.
그 고요하고 당당한 모습을 보면요. 거기선 끔찍한 일은 벌어질 것 같지
않아요.
그렇게 멋진 양복을 입은 친절한 남자들이 있고 은과 악어가죽 지갑 냄새가
사랑스러운 곳에서는 아니겠죠. 티파니와 같은 기분이 드는 현실의 장소를
찾는다면 가구도 사고 고양이에게 이름도 붙일 거예요.
전쟁 후에는 그럴지도 모른다고 생각했었어요.

박현주 옮김, 시공사, 2013, 57쪽

● 틈만 나면 택시를 타고 명품 매장 티파니에 가는 가난한 여인이라니 허영심만 가득하다고 비웃을지 모릅니다. 적어도 '전쟁 후에는 그럴지도 모른다고 생각했어요'라는 알파 문장을 읽기 전까지는요. 오해나 비난을 감수하고 마지막까지 알파 문장을 아껴둔 채 그 순간이 올 때까지 있는 그대로 그저 곁을 기술記述하는 것도 표현의 기술奇術이지요.

최인호 〈깊고 푸른 밤〉　　　소설

그는 헛발을 디뎌 넘어졌으나 곧 일어났다. 그는 구르고 뛰며 달리며 넘어지면서 샛길을 뛰었다. 균형을 잃은 그의 발길은 바닷가의 돌더미 위에 와서 멎었다. 무수한 돌들이 해변을 가득 메우고 있었다.

달빛은 없었지만 다행히도 하늘의 무성한 별들이 합심해서 거둬준 빛의 동냥으로 그의 눈은 밝고 원하는 것은 무엇이든 볼 수 있었다.

성난 파도의 포말이 비가 되어 그의 몸을 적시고 있었다. 그는 무릎을 꿇고 돌 위에 주저앉았다. 그는 즐겁고 유쾌하고 그리고 슬펐다.

그는 거센 파도에 의해서 바다를 건너 밀려온 죽은 시체처럼 바위 위에 쓰러져 누웠다. 그를 낯선 땅으로 유배시켜 온 파도들은 서둘러 물러가고 갓 도착한 빈손의 파도들만 그를 사로잡기 위해서 그물을 던지고 있었다. 그제서야 줄곧 그의 마음속에 끓어오르던 분노의 불길이 서서히 꺼져가는 것을 보았다.

《깊고 푸른 밤: 1982년도 제6회 이상문학상 수상작품집》, 문학사상, 2001, 61쪽

○ 눈으로 대충 읽어서는 알아차리기 힘들고, 여러 번 곱씹어 읽고 필사를 하면 크게 와닿습니다. 알파에 도달하기까지 주인공의 정신적 분투가 몸의 분투와 뒤엉키다 폭발합니다. 그러기까지 과장이나 허위는 없지요. 또 하나, 요즘 보기 드문 전지적 시점이라는 점도 주목할 만합니다. 동작은 머릿속에서 쉽게 그릴 수 있어도 글로 표현하기 쉽지 않습니다. 커다란 동작만 대충 그리는 경우가 많지요.

김종삼 〈묵화墨畵〉

물 먹는 소 목덜미에
할머니 손이 얹혀졌다.
이 하루도
함께 지났다고,
서로 발잔등이 부었다고,
서로 적막하다고,

《북치는 소년》, 시인생각, 2013

☀ '묵화'는 먹의 농담을 이용해 그리는 그림입니다. '적막'은 '고요하고 쓸쓸함'이라는 뜻도 있고, '의지할 데 없이 외로움'이라는 뜻도 가졌습니다. 〈묵화〉의 전체적인 분위기는 고요하고 쓸쓸하며 할머니는 의지할 데 없이 외롭습니다. '적막'이라는 알파 문장 속 시어가 마음에 꾸욱 밟힙니다.

017

라이너 쿤체 〈당부, 그대 발치에〉

나보다 일찍 죽어요, 조금만
일찍

집으로 돌아오는 길을
혼자 와야만 하는 이
당신이 아니도록

《은엉겅퀴》, 전영애·박세인 옮김, 봄날의책, 2022

'있는 그대로+ α' 편의 마지막 글귀입니다. 돋보이는 장치로 도치법을 사용했습니다. 도치법은 단순히 문장의 순서를 바꾸는 것만이 아닙니다. 화자의 심정은 '당신 혼자 집으로 돌아오는 일이 없게 나보다 일찍 죽어요'입니다. 있는 그대로 표현하면 얼마나 사랑하는지는 둘째치고 멋이 없습니다. 그래서 '당신이 아니도록'이라는 앞파 문장을 향해 나아가는 동안, 단순히 도치만 시킨 것이 아니라 표현의 구조까지 완전히 바꾸었습니다. '나보다 일찍 죽어요'가 주는 충격과 '당신이 아니도록'이 주는 감동 사이의 커다란 간극에 주목해보세요. 있는 그대로 표현하는 것이 표현의 바탕이지만 있는 그대로를 증폭시키려면 기교가 필요합니다.

호모 엑스핑고로서 표현하기 4

오늘 있었던 일을 있는 그대로 써보세요.

위의 글에 당신만의 알파 문장을 딱 한 줄만 더해보세요.

❸ α(알파)의 전개

나와 똑같은 너가 없는 것처럼, 같은 상황이나
대상, 사물을 경험해도 저마다 다르게 표현합니다.
그것을 지금까지 알파라고 했다면 이번에는 같은 소재나 주제로 글쓴이마다
알파를 어떤 방식으로 다르게 전개하는지 체험해보세요.

첫 번째 묶음은 권정생의 시 〈인간성에 대한 반성문(2)〉에서 시작하는
인간관계에 대한 전개,
두 번째 묶음은 박준의 산문 〈구월산문〉에서 시작하는
언어와 소통에 대한 전개,
세 번째 묶음은 백석의 시 〈멧새 소리〉에서 시작하는
대상에 자기 마음을 투영하는 이야기의 전개입니다.

온전한 체험을 위해 묶음 하나씩 전체 일독한 다음 필사하기를 권합니다.

권정생 〈인간성에 대한 반성문 2〉

도모코는 아홉 살
나는 여덟 살
이 학년인 도모코가
일 학년인 나한테
숙제를 해달라고 자주 찾아왔다.

어느 날, 윗집 할머니가 웃으시면서
도모코는 나중에 정생이한테
시집가면 되겠네
했다.

앞집 옆집 이웃 아주머니들이 모두
쳐다보는 데서
도모코가 말했다.
정생이는 얼굴이 못생겨 싫어요!

오십 년이 지난 지금도
도모코 생각만 나면
이가 갈린다

《빌뱅이 언덕》, 창비, 2012

DATE . .

019

윌리엄 셰익스피어 《폭풍우》　　　　　　　　　[희곡]

캘리번: 내 어머니가 까마귀 깃털로 해로운 늪지에서 쓸어 모았던 독한 이슬방울들이 너희 두 놈을 적실지어다! 남서풍이 너희에게 불어 닥쳐 온몸에 물집이나 생겨라!

프로스퍼로: 이 대가로 오늘 밤 너는 경련이 일고, 옆구리 통증으로 숨이 가빠질 것이다. 고슴도치 정령들이 긴긴 밤 내내 너를 괴롭힐 것이다.
네 몸은 벌집마냥 온통 찔려서 멍 들 것이고,
찔릴 때마다 벌침보다 더한 통증이 도를 더해 갈 것이다.

박우수 옮김, 열린책들, 2020, 31~32쪽

DATE   .   .

윌리엄 블레이크 〈독나무 Poison Tree〉

나는 친구에게 화가 났다.
내 분노를 말했고 분노가 끝났다.
나는 적에게 화가 났다.
그것을 말하지 않았고 분노가 자랐다.

두려움 속에서
밤낮으로 흘리는 눈물로 그것을 키웠다
미소의 햇빛을 쪼여주었고
간교한 계획을 세웠다.

그것은 빛나는 사과를 맺을 때까지
밤낮으로 자랐다.
나의 적이 빛나는 사과를 보고
내 것임을 알았다.

칠흑 같은 밤에
그가 내 정원으로 훔치러 들어왔다.
아침이 되자 나는 보고 반가웠다.
적이 나무 아래 뻗어 있었다.

DATE   .   .

이제니 〈사과와 감〉

감이 먼 목소리로 너는 말한다. 이것이 내 사과다. 사과는 어둡구나. 사과는 부드럽구나. 부드러움과 미래는 가깝구나. 사과를 받은 내 마음은 고요하다. 사물들은 끝없이 멀어지고 있었다. 가까워지고 있는 것처럼 멀어지고 있었다. 사과 이전에도 사과 이후에도. 한없이. 가없이. 동시에. 일시에. 간헐적으로. 산발적으로. 한 마음에서 한 마음으로 건너갈 때. 한 마을에서 한 마을로 건너가듯이. 영영 뒤돌아섰지만 다시 뒤돌아서게 될 겁니다. 어쩌면 다시 제대로 만나게 될 겁니다. 사과는 감이 멀었지만 우리는 감으로 다 알아들었다. 가장 순한 순간에도 가장 악한 악한이 될 수 있다. 아무도 누구도 너를 비난할 수 없다 오직 너 자신 외에는. 맺힌 것이 있었던 것처럼 너는 울었다. 매끄러운 곡선 위를 흐르는 하나의 물방울처럼. 울면 풀리는구나. 풀리면 가까워지는구나. 탁자 위에는 작고 둥근 것이 놓여 있었다. 흐릿하고 환하고 맑고 희었다. 마치 처음 보는 것처럼. 이제 막 다시 태어난 것처럼. 사과 이후에 문득 가까워진 감이 있었다.

《왜냐하면 우리는 우리를 모르고》, 문학과지성사, 2014

DATE . .

권정생 〈인간성에 대한 반성문 1〉

주중식한테서 소포 하나가 왔다
끌러보니 조그만 종이상자에 과자가 들었다
가게서 파는 과자가 아니고 집에서 만든
것 같다
소포에다 폭탄도 넣어 보냈다는데……
잠깐 동안 주중식과 나 사이에 무슨 문제가
있는지 생각했다
십 년이 넘도록 알고 지냈지만 원한 살 일은
없는 것 같다
과자 부스러기를 하나 혀 끝에 대어보니
아무렇지 않다
좀 더 큰 것을 집어 먹어봐도 괜찮다
한 개를 다 먹고 다섯 시간 지나도
안 죽는다
겨우 마음이 놓인다
주중식과 나 사이에는 아무런 문제없이
돈독함이 확인되었다

박준 〈구월 산문〉

산문

정확하게 말하는 것을 늘 꿈꾸지만 가끔은 부정확한 말하기가 반가울 때도 있습니다. 가족이나 연인 같은 허물없이 친밀한 관계에서의 대화라면 더욱 그렇습니다. 단단한 정보보다는 뭉근한 정서를 주고받는 순간들. 며칠 전 기념일을 맞은 부모님을 모시고 고즈넉한 식당에서 점심식사를 했습니다. 집으로 돌아가는 길에 아버지는 "구름은 왜 하늘에 떠 있을까?" 하고 혼잣말을 했습니다. 이 말의 본뜻은 대기 환경에 관한 질문이 아니라 방금 식사를 한 식당이 마음에 들었다는 의미에 가까웠습니다. 그 말을 들은 어머니는 "그럼 구름이 하늘에 떠 있지, 땅으로 내려오냐"하고 답을 했는데 이 역시 본뜻은 '오늘을 기념해주어서 고맙다'라는 말이었을 것입니다. 저는 두 분의 대화를 이어 구름과 수증기 그리고 강과 바다에 대한 이야기를 했습니다. 어쭙잖은 지식을 늘어놓은 제 말의 본뜻은 '뭐 이런 것으로 고마워하시냐, 아무것도 아니다'였습니다. 돌아오는 길 어느새 한결 부드러운 바람이 불었습니다. 이 뜻은 말 그대로 부드러운 바람이 불었다는 것입니다.

《계절 산문》, 달, 2021, 127쪽

DATE   .   .

롤랑 바르트 《사랑의 단상》

산문

언어는 살갗이다. 나는 그 사람을 내 언어로 문지른다. 마치 손가락 대신에 말이란 걸 갖고 있다는 듯이, 또는 내 말 끝에 손가락이 달려 있기라도 하듯이. 내 언어는 욕망으로 전율한다. (중략) 나는 그 사람을 내 말 속에 둘둘 말아 어루만지며, 애무하며, 이 만짐을 얘기하며, 우리 관계에 대한 논평을 지속하고자 온 힘을 소모한다.

김희영 옮김, 동문선, 2004년, 110쪽

DATE   .   .

플라톤 《향연》

산문

선생님께서는 피리 주자가 아니시라고요? 하지만 선생님께서는 마르쉬아스보다 훨씬 더 놀라운 연주자입니다. 마르쉬아스는 입으로 나온 능력으로 악기를 이용하여 사람들을 매혹했고, 오늘날에도 우리는 그의 곡이 연주되는 것을 들으면 매혹돼요.(중략) 선생님과 마르쉬아스의 유일한 차이점은 선생님께서는 악기를 사용하지 않고 순전히 산문만으로 같은 효과를 거둔다는 겁니다.(중략) 여보게들, 이분에게 귀 기울이고 있노라면 나는 코뤼바스들보다 더 심한 광기에 사로잡혀, 이분께서 하시는 말씀에 심장이 팔딱팔딱 뛰고 눈물이 흘러내린다네. 그리고 다른 많은 사람들도 같은 경험을 하는 것을 나는 본다네. 페리클레스와 다른 연설가들의 말을 들을 때면 나는 그들이 말을 잘한다는 생각은 했지만 그런 경험까지는 해보지 못했네. 내 마음이 혼란에 빠지거나 내가 노예 상태에 있다는 생각에 분개한 적이 없단 말일세. 그러나 여기 계시는 이 마르쉬아스의 말을 들은 뒤로 나는 종종 그런 상태가 되었고, 내 삶이 그런 상태라면 살 가치가 없다고 생각하게 되었네.

천병희 옮김, 숲, 2024

DATE . .

백석 〈멧새 소리〉

처마 끝에 명태를 말린다
명태는 꽁꽁 얼었다
명태는 길다랗고 파리한 물고긴데
꼬리에 길다란 고드름이 달렸다
해는 저물고 날은 다 가고 별은 서러웁게 차갑다
나도 길다랗고 파리한 명태다
문턱에 꽁꽁 얼어서
가슴에 길다란 고드름이 달렸다

DATE . .

양명문 〈명태〉

감푸른 바다 바다 밑에서
줄지어 떼 지어 찬물을 호흡하고
길이나 대구리가 클 대로 컸을 때
내 사랑하는 짝들과 노상
꼬리치며 춤추며 밀려다니다가

어떤 어진 어부의 그물에 걸리어
살기 좋다는 원산元山 구경이나 한 후
에지프트의 왕처럼 미이라가 됐을 때
어떤 외롭고 가난한 시인이
밤늦게 시를 쓰다가 쇠주를 마실 때
그의 안주가 되어도 좋고
그의 시가 되어도 좋다
쨔악쨕 찢어지어
내 몸은 없어질지라도
내 이름만은 남아 있으리라
'명태'라고 이 세상에 남아 있으리라

《양명문 시선집》, 현대문학, 2010

양명문의 시 〈명태〉에 변훈이 곡을 붙이고 바리톤 오현명이 불렀습니다. 온몸으로 시의를 느낄 수 있는 명곡이라 일청을 권합니다.

루시드폴 〈고등어〉

루시드폴 작곡·노래

어디로든 갈 수 있는 튼튼한 지느러미로 나를 원하는 곳으로 헤엄치네.
돈이 없는 사람들도 배불리 먹을 수 있게 나는 또 다시 바다를 가르네.
몇 만원이 넘는다는 서울의 꽃등심보다 맛도 없고 비린지는 몰라도,
그래도 나는 안다네 그동안 내가 지켜온 수많은 가족들의 저녁 밥상.
나를 고를 때면 내 눈을 바라봐줘요.
나는 눈을 감는 법도 몰라요.
가난한 그대 날 골라줘서 고마워요.
수고했어요. 오늘 이 하루도.

호모 엑스핑고로서 표현하기 5

당신의 생각이나 감정을 하나의 명사로 만들어보세요.

이때 여러 갈피로 나부끼고 엉켜 있는 생각이나 감정을 축약한다기보다 그중 딱 하나만을 고른다는 느낌으로 명사화해보세요.

그리고 명사를 집중적으로 파고드세요.

이때 떠오르는 생각들을 떠오르는 대로 써보세요.

❹ 이해한 만큼 표현할 수 있다

표현의 깊이나 폭을 결정짓는 요건은 '이해'입니다.
특히 발견자로서 사물이나 대상을 이해한 다음에 하는 표현은
우리가 인정하는 바로 그 예술의 힘까지 발휘합니다.

윤동주 〈달을 쏘다〉

발걸음은 몸뚱이를 옮겨 못가에 세워 줄 때 못 속에도 역시 가을이 있고, 삼경三更이 있고, 나무가 있고, 달이 있다.

그 찰나 가을이 원망스럽고 달이 미워진다. 더듬어 돌을 찾어 달을 향하야 죽어라고 팔매질을 하였다. 통쾌! 달은 산산히 부서지고 말았다.

그러나 놀랐든 물결이 잦아들 때 오래잖아 달은 도로 살아난 것이 아니냐, 문득 하늘을 처다보니 얄미운 달은 머리 위에서 빈정대는 것을—.

나는 꼿꼿한 나뭇가지를 고누어 띠를 째서 줄을 매어 훌륭한 활을 만들었다. 그리고 좀 탄탄한 갈대로 화살을 삼아 무사武士의 마음을 먹고 달을 쏘다.

• 삼경: 밤 열한 시에서 새벽 한 시 사이.

〈조선일보〉, 1939년 1월 23일자에 발표

이날 윤동주는 '당신은 나를 영원히 쫓아버리는 것이 정직할 것이오'라며 절연 편지를 보낸 친구가 원망스러웠습니다. 친구가 그러한 일을 벌인 것을 가을 탓으로 돌리면서 달을 미워합니다. 미워서 돌팔매질을 하고 또 하지만 달은 도로 살아납니다. 급기야 달에게 화살을 쏘기로 합니다. 1938년에 썼습니다. 딱 일 년 뒤, 시로 개작했는데 〈자화상〉입니다.

윤동주 〈자화상自畵像〉

산모퉁이를 돌아 논가 외딴 우물로 홀로
찾아가선 가만히 들여다봅니다.

우물 속에는 달이 밝고 구름이 흐르고
하늘이 펼치고 파아란 바람이 불고 가을이 있습니다.

그리고 한 사나이가 있습니다.
어쩐지 그 사나이가 미워져 돌아갑니다.

돌아가다 생각하니 그 사나이가 가엾어집니다.
도로 가 들여다보니 사나이는 그대로 있습니다.

다시 그 사나이가 미워져 돌아갑니다.
돌아가다 생각하니 그 사나이가 그리워집니다.

우물 속에는 달이 밝고 구름이 흐르고 하늘이 펼치고
파아란 바람이 불고 가을이 있고 추억처럼 사나이가 있습니다.

1939년 9월에 지었다고 전합니다. 산문 〈달을 쏘다〉와 연계해 읽으면 시 속 '사나이'가 그 친구인 것도 같지만 시의 제목이 〈자화상〉입니다. 일 년 전만 해도 원망이나 미움의 대상이 외부에 있었고 마음먹고 화살을 쏠 정도로 분출할 줄도 알았습니다. 그런데 일 년 사이에 내가 나를 미워하고 가여워합니다. 우리에게도 비슷한 경험이 있지요. 누군가를 마구 미워하다가 결국은 자기 탓을 하고 말았던, 끝내 자기 탓을 할 수밖에 없는 환경에 놓인 스스로를 가여워했던 그런 일……. 달은 그저 밝기만 합니다. 가을도 그저 있기만 합니다.

찰스 다윈 《종의 기원》

산문

우리는 제멋대로 자란 얇은 가지가 이 나무의 아랫부분에 있는 분기점에서 불쑥 튀어나오는 것을 여러 군데에서 볼 수 있다. 이 가지는 어쩌다가 우연히 좋은 조건을 만나 꼭대기에서 여전히 살아남아 있다. 이러한 경우를 우리는 오리너구리 또는 레피도시렌 같은 동물에서 볼 수 있다. 이들은 두 개의 거대한 생명의 가지와는 조금 연결되어 있으며 안전한 장소에서 서식함으로써 치명적인 경쟁으로부터 스스로 지켜 나갈 수 있었던 것으로 보인다. 싹은 성장하면서 새로운 싹을 자라나게 만든다. 또한 만일 이 싹이 강한 생명력을 가지는 경우에는 사방팔방으로 가지를 뻗어 다른 많은 연약한 가지들이 자라지 못하게 만든다. 나는 거대한 생명의 나무도 이와 마찬가지라고 믿는다. 그 나무에서도 세대가 거듭되면서 시들어 떨어진 나뭇가지들은 지표를 뒤덮는 반면, 계속해서 갈라져 나가는 아름다운 나뭇가지들은 그 나무를 뒤덮고 있다.

장대익 옮김, 사이언스북스, 2019, 202쪽

'적자생존'의 주요 조건인 '자연선택'에서 '생명의 나무'에 대해 설명하는 글입니다. 생명의 나무는 생명체의 진화 계통을 담은 나무처럼 생긴 도표입니다. 역자가 쓴 대로 '침팬지와 인간이 600만 년 전쯤에 어떤 공통 조상에서 갈라져 나온 사촌지간'이라는 사실을 이해하지 못한다면 표현할 수 없는 글입니다. 생명의 나무가 시사하는 중대한 지점은 '인간이 가장 우월한 존재가 아니고 생명체는 모두 평등하다'이지요. 이 진리를 성찰해 문학적으로 표현한 문장을 다음 장에 소개합니다.

존 파울즈 《프랑스 중위의 여자》　　소설

한때 바다였다가 지금은 물이 빠져나가 버린 곳에서 주운 암모나이트 화석에는, 9천 만 년 전의 지각 변동이 극도로 압축되어 새겨져 있었던 것이다. 검은 번갯불처럼 생생한 통찰 속에서, 그는 모든 생명의 대등함을 깨달았다. 진화는 완전함을 향한 수직적 상승이 아니라 수평적 이동이다. 시간은 중대한 오류였다. 존재에는 역사가 없다. 그것은 언제나 현재이고, 언제나 같은 악마적 기계에 사로잡혀 있다.

현실이 눈에 뜨이지 않도록 인간이 세운 그 화려한 장막들 — 역사, 종교, 의무, 사회적 지위 — 은 모두 환상, 아편에 중독되었을 때 보이는 환각에 불과하다.

김석희 옮김, 열린책들, 2009, 269~270쪽

역사, 종교, 의무, 사회적 지위 등이 현실처럼 보일지라도 인간이 세운 화려한 장막이며 환각에 불과하다고 합니다. 이러한 종류의 표현은 현실주의자를 자처하는 이들에게 현실성 없는 낭만으로만 비칠 것입니다. 그러나 찰스 다윈이 처절할 정도로 입증해낸 진화론을 이해한다면 근거 있는 철학으로 이해할 수 있습니다. 또한 이해는 옳고 그름을 가리는 일과 무관합니다. 그러나 이해한 다음에는 보다 현명하게 옳고 그름을 분별할 수 있겠지요.

유홍준 〈나의 문화유산답사기 1 초판 서문〉

산문

미술사를 전공으로 삼은 이후 내가 주위 사람들로부터 가장 많이 받은 질문은 어떻게 하면 미술에 대한 안목을 갖출 수 있느냐는 것이었다. 이 막연한 물음에 대하여 내가 대답할 수 있는 최선의 묘책은 "인간은 아는 만큼 느낄 뿐이며, 느낀 만큼 보인다"는 것이었다. 예술을 비롯한 문화미란 아무런 노력 없이 획득되는 것이 아니기 때문이다. 그러면 그것을 아는 비결은 따로 없을까? 이에 대하여 나는 조선시대 한 문인의 글을 원용하여 훌륭한 모범답안을 구해둔 것이 있다. "사랑하면 알게 되고 알면 보이나니, 그때 보이는 것은 전과 같지 않으리라." 그러한 사랑의 감정으로 문화유산을 답사하면서 나는 감히 국토박물관의 길눈이가 되어 나와 동시대에 살고 있는 모든 사람들과 함께 국토의 역사와 미학을 일상 속에 끌어안으며 살아가는 행복을 나누어 갖고 싶었다. 그것이 이 글을 쓰게 된 계기다.

《나의 문화유산답사기 1》, 창비, 2011, 12쪽

1993년 초판 발간 당시 "사랑하면 알게 되고 알면 보이나니, 그때 보이는 것은 전과 같지 않으리라"라는 문장이 세간에 신선한 충격을 주었습니다. 저자가 원용한 글귀는 조선 정조 때 문장가 유한준이 지었으며 이러합니다. "알면 곧 참으로 사랑하게 되고, 사랑하면 참으로 보게 되고, 볼 줄 알게 되면 모으게 되니 그것은 한갓 모으는 것이 아니다." 저자는 원문과 비슷한 듯 그러나 뒤집었지요. 알면 사랑하는 것과 사랑하면 아는 것, 알면 보이는 것과 사랑하면 보이는 것. 어떤 차이가 있을까요. 문화유산에 관해서는 '사랑하면 알게 되고, 알면 보이더라'고 전합니다. 풍부한 경험에서 나온 결론이자 집필 의도입니다.

소어 핸슨 《깃털》

(산문)

어느 봄날 오후 나는 노랑엉덩이솔새 암컷 한 마리가 버드나무 숲에서
뻔질나게 나와서는 닭들이 흙 목욕을 하는 구덩이 바로 옆 울타리 위에
내려앉는 것을 지켜보았다. 그럴 때마다 노랑엉덩이솔새는 주변을 경계하듯
둘러본 뒤 곧장 땅으로 내려가 부리에 깃털 하나를 물고는 종종걸음을 쳤다.
나는 이 새의 둥지를 굳이 찾아보지 않아도 둥지가 거의 완성되었고
우리 집 산란 닭에게서 떨어진 깃털이 오목한 둥지 벽을 따라 단정하게
세워져 있을 것이라고 알 수 있었다.
추운 밤이면 상모솔새가 솜깃털을 부풀게 할 줄 알듯이 어느 곳에서든
새들은 여분의 깃털이 자기 새끼들을 따뜻하게 지켜주는 데
도움이 된다는 것을 알았던 것이다.

하윤숙 옮김, 에이도스, 2013, 127쪽

○ 보지 않아도 알았던 비결은 자료 수집을 토대로 다음과 같은 지식을 통해 새의 깃털을 이해했기 때문입니다.

"거의 모든 오리, 굴뚝새, 제비뿐만 아니라 많은 솔새와 핀치 등 북미 새 종의 4분의 1이 둥지에서 깃털을 이용한다. 캐나다 거위와 아메리카 수리부엉이는 자기 가슴에서 솜깃털을 뽑아서 사용하지만 대부분의 새는 노랑엉덩이솔새의 전략처럼 다른 종의 새에게서 떨어진 깃털을 주워 와서 사용한다. 상모솔새는 깃털로 둥지를 짓는 데 매우 뛰어난 솜씨를 보이며, 때로는 새매나 매가 부근 새떼를 공격하고 난 뒤에 나타나 둥지 재료들을 모아 오기도 한다. (맹금류는 먹잇감 새를 죽인 직후 바로 깃털을 뽑아서, 다른 새가 가져가기 좋도록 깔끔하게 무더기를 만들어놓는다.) 유럽 상모솔새에 대한 한 연구에서 둥지 세 개를 힘들게 해체한 결과 둥지 한 개당 깃털이 평균 2,611개가 들어 있는 것으로 밝혀졌다."

035

손철주 〈희고, 검고, 마르고, 축축하고〉 산문

송나라 때 화원을 뽑는 시험은 참으로 흥미롭다. 뭐뭐를 그려보라는 주문 없이 아예 시를 지어 출제하게 했다. 이런 문제도 있었다.
'꽃을 밟고 달려온 말발굽의 향기' 시험에서 꽃이나 말을 그린 사람은 죄다 떨어졌다. 입선작은 흙바람을 따라 날아오르는 한 무리의 나비를 그린 작품이었다. 꽃향기가 날리는 곳에 어찌 나비가 없을까 보냐는 참으로 시적인 발상이다. 조금 긴 문제로 '한적한 산골에 강 건너는 사람 하나 없고 외로운 나룻배 종일토록 떠 있네'라는 것도 있다.
그림 속에 물결이니 계곡이니 나무니 하는 따위를 집어넣은 응시자들은 말짱 헛것이었다. 뱃머리에 다리 괴고 누워 피리 부는 노인을 그린 사람이 장원으로 뽑혔다.
단 한순간에 초월의 경지로 나아가는 [一超直入] 그림이 수묵화이다. 그것은 손끝의 재주가 아니라 정신의 깊이에서 탄생된다.

• 일초직입─超直入: 한 번에 초월하다.

《그림 아는 만큼 보인다》, 오픈하우스, 2017, 234쪽

DATE   .   .

☀ '꽃을 밟고 달려온 말발굽의 향기'를 그는 진정으로 이해했습니다. 뱃머리에 다리 괴고 누워 피리 부는 이를 그저 사람, 이 아니라 노인으로 표현한 것도요.

김승희 〈콩나물의 물음표〉 중에서

콩에 햇빛을 주지 않아야 콩에서 콩나물이 나온다

콩에서 콩나물로 가는 그 긴 시간 동안
밑빠진 어둠으로 된 집, 짚을 깐 시루 안에서
비를 맞으며 콩이 생각했을 어둠에 대하여
보자기 아래 감추어진 콩의 얼굴에 대하여
수분을 함유한 고온다습의 이마가 일그러지면서
하나씩 금빛으로 터져나오는 노오란 쇠갈고리 모양의
콩나물 새싹,
그 아름다운 금빛 첫 싹이 왜 물음표를 닮았는지에 대하여
금빛 물음표 같은 목을 갸웃 내밀고
금빛 물음표 같은 손목들을 위로위로 향하여
검은 보자기 천장을 조금 들어올려보는
그 천지개벽

《냄비는 둥둥》, 창비, 2006

DATE   .   .

고작 콩나물일 뿐인데 깊이 관찰하고 이해한 순간, 인간사에 대해 한마디 하지 않고도 인간사를 표현할 수 있습니다. 모든 식물이 햇볕으로 자라지 않습니다. 콩나물처럼 어둠 속에 자라는 식물도 있지요. 하기야 태초에 천지개벽도 어둠 속에 벌어진 일입니다. 이 모든 기적을 일으킨 것은 '금빛 물음표'가 아니었을까요. 당신의 금빛 물음표는 무엇입니까.

두 번째 걸음

표현을 기르는 비결 1 | 짜임새

표현과 관련해 먼저 떠올리는 요소는 '무엇을'일 것입니다. 분야를 막론하고 기상천외한 소재나 주제라면 표현이 다소 투박해도 관심을 끌 수 있습니다. 얼마나 공감을 이끌어낼지는 차치하고 말이지요. 반대로 소재나 주제가 빈약한데 표현이 유려하다면 '솜씨 좋다'는 소리는 듣겠으나 전자만 한 주목을 받기 힘들 것입니다. 소재나 주제가 빈약한 것은 자동차에 핸들이 없는 셈이나 마찬가지고, 표현이 투박한 것은 운전 실력이 미숙한 상태와 비슷합니다. 교차로에서 우회전해야 목적지로 가는데 차선을 변경하지 못해 계속 직진만 합니다. 이러한 우여곡절을 거쳐 마침내 소재나 주제, 표현 모두 탁월함에 이른 작품을 우리는 '걸작'이라 부릅니다.

저는 걸작을 탄생시킨 이들이 '무엇'을 발상하는 데 쏟은 시간이나 열정의 몇 배 아니 수십 배를 여기에 쏟았으리라 확신합니다. 바로 '어떻게'입니다. '무엇을 표현할 것인가'보다 '어떻게 표현할 것인가'가 훨씬 중요합니다. 그러니 '다른 사람들이 다 하는 이야기는 식상해' 같은 말은 맞는 듯 맞지 않지요. 사람들은 언제나 다른 사람들이 다 하는 이야기에 관심이 있습니다. 대표적으로 '어떻게 살 것인가'가 그러합니다. 아무도 하지 않는 이야기에는 (몰라서라도) 크게 관심이 없습니다. ('다'라거나 '아무도'가 들어가는 말은 언제나 과장이며 그런 소리에는 튕겨나간 허나 실이 배겨 있습니다. 이 튕겨나간 것들을 표현하는 일 또한 중요하지요.) 표현에서 관건은 다른 사람들이 다 하는 이야기를 어떻게 다르게 표현해 예상치 못한 관심을 촉발시키느냐입니다. 정확히는 '어떻게 변주(어떤 주제를 바탕으로 소재·형태·방식 따위를 변형한 표현)하느냐'라고 할 수 있겠습니다. 이 지점에서 창조력과 창의성이 필요합니다. 참고로 창조력은 '의식적이거나 무의식적인 통찰에 힘입어 발휘되는 힘'이고, 창의성은 '새로운 생각이나 개념을 발견하거나 기존에 있던 생각이나 개념들을 조합하여 새로이 생각해내는 특성'입니다. '무엇'보다 '어떻게'에서 통찰력이 필요한 창조력, 새로이 조합해내는 창의성이 필요합니다. 스스로 창조력이나 창의성이 없다고 여기나요. 그리 재단하기 전에 자문해봅시다. '혹시 방법을 몰라 시도조차 해본 적 없는 게 아닌가', '없는 게 아니라 묻혀 있거나 녹슬어가는 게 아닌가' 하고 말이지요.

 표현에서 창조력이나 창의성을 발휘할 수 있는 방법을 꼽으라면 저는 이 세 가지를 우선하겠습니다. 이해력과 짜임새 그리고 비유입니다. 첫 번째 발걸음에서 이해력을 재고하는 글들을 소개했다면, 두 번째 발걸음에서는 짜임새를 익힐 수 있는 글들을 모았습니다. 짜임새를 글로 가져오면 '앞뒤의 연관과 체계를 제대로 갖춘 상태'라는 뜻입니다. 미술로 가져가면 구도, 건축으로 가면 구조에 해당합니다. 문장에서 짜임새는 육하원칙을 뛰어

넘습니다. 예를 들어 '산은 산이고 물은 물이로다' 하는 선문답은 문장으로서 헐겁지만 의미를 전달하는 짜임새가 더도 덜도 아니게 꽉 짜여 있습니다. 글은 의식의 흐름이 아니라 의미의 흐름입니다. 화자의 머릿속에 이미 육하원칙이 정돈된 상태에서 의미의 흐름을 엉키게 하는 요소를 과감히 잘라냅니다. 마치 크로키를 그리는 것처럼 대상이나 현상 등의 특징을 파악하고 선명하게 표현하기 위해 일체의 요소를 거두어 전체적인 형태를 가다듬는 것, 저는 이를 짜임새라고 여깁니다. 그래서 짜임새는 처음 착수하는 작업인 동시에 마지막에 하는 작업(퇴고)이 됩니다. 또한 한 문장씩 쓸 때마다 하는 일이기도 합니다. 그런데 조금 과장해서 표현은 기가 막힌데 정작 핸들이 사라져버리는 경우가 발생하기도 합니다. 핸들부터 찾아와야 합니다. 기가 막힌 표현은 다음을 위한 씨앗으로 심어두고요. 그렇지 않으면 배보다 배꼽이 더 큰, 짜임새가 나쁜 상태가 되어버립니다. 만약 저에게 어휘와 짜임새 둘 중 무엇이 더 중요한지 묻는다면 (어휘가 지나치게 빈약하면 짜임새를 잘 짜기 힘들기 때문에 우문이긴 합니다만) 단연 짜임새라고 하겠습니다. 효과적으로 표현하기 위해 짜임새를 잘 짜는 방법, 지금 당신이 손에 쥔 펜을(연필도 좋고요) 지팡이 삼아 길을 나서봅시다.

❶ 대비감으로 충돌시키기

둘 또는 그 이상의 사물이나 현상을 견주어
서로 간의 유사점과 공통점, 차이점 따위를 밝히는 일,
'비교'는 인간의 본능이자 재능입니다.
흔히 비교당하는 게 싫다고 하지만 정확히는
비교가 아니라 한 줄로 세우고 우열을 가리는 것이 문제입니다.
인간이 타고난 탁월한 재능인 '비교하기'를 표현의 짜임새로 끌어와봅시다.
비교하면 불가피하게 충돌이 발생하고, 모든 충돌에는 에너지가 발생합니다.
그 에너지는 때로 의미의 흐름에 시너지를 더하는데
이름하여 '대비감'입니다.

진성탄 〈참다운 유쾌함 33 중 17〉

어느 여름 날 새빨간 큰 소반에 새파랗게 잘 익은 수박을 올려놓고 한 칼에 잘라버린다.
아아, 이 또한 유쾌한 일이 아니겠는가.

강렬한 대비감을 이루는 '새빨간 큰 소반에 새파랗게'라는 표현이 있고 없고에 따라 유쾌함이 어떻게 달라지는지 느껴보세요.

헨리 루더포트 엘리어트 〈웃어버려라〉

사소한 비극에 사로잡히지 마.
총으로 나비를 잡지 마.

☀ 부정적인 감정의 대부분은 인간관계에서 생기기 마련이니 그 감정을 상대에게 표현할지 말지 갈등할 때 제가 기준으로 삼는 시구입니다. 총을 들고서 기껏 잡을 게 나비라면 총을 내린다,라고 말이지요.

천양희 〈생각이 달라졌다〉

웃음과 울음이 같은 音이란 걸 어둠과 빛이
다른 色이 아니란 걸 알고 난 뒤
내 音色이 달라졌다

빛이란 이따금 어둠을 지불해야 쐴 수 있다는 생각
웃음의 절정이 울음이란 걸 어둠의 맨 끝이
빛이란 걸 알고 난 뒤
내 독창이 달라졌다

웃음이란 이따금 울음을 지불해야 터질 수 있다는 생각
어둠속에서도 빛나는 별처럼
나는 골똘해졌네

어둠이 얼마나 첩첩인지 빛이 얼마나
겹겹인지 웃음이 얼마나 겹겹인지 울음이
얼마나 첩첩인지 모든 그림자인지

나는 그림자를 좋아한 탓에
이 세상도 덩달아 좋아졌다

《새벽에 생각하다》, 문학과지성사, 2017

반의어를 사용해 뜻을 설명하는 경우가 많습니다. 비교를 통해 직관적으로 나타낼 수 있는 장점이 있지요. 이때 쉽게 놓치는 아이러니가 있습니다. 바로 모든 반의어는 필수적으로 공통점을 갖는다, 입니다. 심지어 그 공통점이 없으면 더 이상 반의어가 아니게 되어 버립니다. 예를 들어 남자와 여자는 사람, 위와 아래는 방향, 작다와 크다는 크기라는 공통점이 있습니다. 시인은 바로 그 아이러니를 파고들었습니다. 반대라는 충돌에서 발생하는 에너지가 이처럼 서로 밀어내기가 아니라 끌어안기로 돌아오기도 합니다. 주변에 널려 있는 반의어를 짝지어 충돌시켜보세요. 표현하고 싶은 욕구가 몽글몽글 샘솟을 거예요.

백석 〈물닭의 소리 중 야우소회夜雨小懷〉

캄캄한 비 속에
새빨간 달이 뜨고
하이얀 꽃이 퓌고
먼바루 개가 짖는 밤은
어데서 물외 내음새 나는 밤이다

캄캄한 비 속에
새빨간 달이 뜨고
하이얀 꽃이 퓌고
먼바루 개가 짖고
어데서 물외 내음새 나는 밤은

나의 정다운 것들 가지 명태 노루 뫼추리 질동이 노랑나뷔 바구지꽃
모밀국수 남치마 자개짚세기 그리고 천희라는 이름이 한없이 그리워지는
밤이로구나

• 야우소회: 비 내리는 밤의 작은 그리움

DATE   .   .

필사하기 전에 꼭 소리 내어 읽으세요. 낭송하는 동안 가슴이 '마당'처럼, '바다'처럼 훤히 트이는 기분을 느껴보세요. 그럴 수 있는 비결은 한글의 모음들을 거두어 가다듬은 짜임새와 운율에 있으니 백석이 의도했을 것입니다. 마당처럼, 바다처럼 트인 문은 '천희'라는 이름에서 고요히 닫힙니다.

원효대사
〈옷을 지을 때는 작은 바늘이 필요하니〉

옷을 지을 때는 작은 바늘이 필요하니

기다란 창이 있다고 해도 소용이 없고

비를 피할 때는 작은 우산 하나면 충분하니

하늘이 드넓다 해도 따로 큰 것을 구할 수고가 필요 없다.

그러므로 작고 하찮다 하여 가볍게 여기지 말지니

그 타고난 바와 생김생김에 따라

모두가 다 값진 보배가 되는 것이다.

DATE . .

주자 〈베어버리자니〉

베어버리자니 풀 아닌 게 없지만
두고 보자니 모두 꽃이더라

- 선입관: 어떤 대상에 대하여 이미 마음속에 가지고 있는 고정적인 관념이나 관점.
- 편견: 공정하지 못하고 한쪽으로 치우친 생각.
- 고정관념: ❶ 잘 변하지 아니하는 행동을 주로 결정하는 확고한 의식이나 관념.
  ❷ 어떤 집단의 사람들에 대한 단순하고 지나치게 일반화된 생각들.

보색 대비처럼 짝지을 수 있는 어휘들이 있습니다. 이러한 어휘 두어 가지를 중심으로 짜임새를 짜면 쉽고 강렬합니다. 일부러 충돌시켜 에너지를 발생시키는 거지요. 사전적 의미의 '반대어'끼리 충돌해도 좋지만 '선입관'*이나 '편견'*, '고정관념'*을 이용해도 좋습니다. 예를 들어 풀과 꽃은 반대어는 아니지만 풀은 하찮고 꽃은 귀하다는 선입견이 있지요. 상징어가 가진 일반적인 개념을 대비시키는 것입니다.

043

왕수인 〈패월산방시蔽月山房詩〉

산이 가깝고 달이 먼지라 달이 작게 느껴져
사람들은 산이 달보다 크다 말한다
하늘처럼 큰 눈 가진 이가 있다면
산이 작고 달이 더 큰 것을 볼 수 있을 것을

• 패월산방시: 산에서 달을 보며 지은 시.

프랑스의 시인이자 소설가, 극작가, 영화감독인 장 콕토가 한 말과 맥락이 통합니다. "어떤 물체를 보고 크다 작다 하는 것은 잘못이며 가깝다 멀다 해야 옳다." 둘 다 인간의 심리를 두고 한 비유, 정확히는 풍유입니다. 영화 대사처럼 "뭣이 중헌디?"라고 할 수 있으려나요. 우리가 중요하다고 믿는 것이 있다면 정말로 중요해서가 아니라 단순히 가까이 있어서일 수 있고, 그 결과 산이 달보다 크다는 식의 어리석은 소리를 한다는 거지요. 참고로 왕수인은 명나라 중기의 철학자이자 정치가, 군인으로 양명학의 창시자였습니다. 호가 양명이라 흔히 왕양명으로 불립니다. 콕토와 양명, 두 사람 모두 팔방미인이었네요.

044 한용운 〈사랑〉

봄 물보다 깊으니라
가을산보다 높으니라
달보다 빛나니라
돌보다 굳으니라
사랑을 묻는 이 있거든
이대로 말하리

DATE   .   .

당신이 아는 가장 깊은 것, 높은 것, 빛나는 것, 굳은 것은 무엇인가요. 그 단어들을 넣어 개작해보아도 좋겠습니다.

❷ '점점漸漸'으로 연결하기

점진할 점漸을 두 번 써서
조금씩 더하거나 덜어지는 모양을 나타냅니다.
점점 더할 수도, 점점 덜할 수도 있지만
점점 더 작아질 수도, 점점 더 커질 수도 있습니다.
점점 더 멀어질 수도, 점점 더 가까워질 수도 있지요.
점점을 연결 고리로 삼아 짜임새를 구성하되
소실점˚이 명확해야 합니다.
중언부언˚하거나 횡설수설˚하는 이유는
표현력이 부족해서이기도 하지만
말들의 소실점이 명확하지 않아서입니다.
제자리에서 맴돌지 말고 앞으로 나아가세요.
그러는 방법 중 '점점'이 있습니다.

- 소실점: 평행한 두 직선이 멀리 가서 한 지점에서 만난 것처럼 보이는 점.
- 중언부언: 이미 한 말을 자꾸 되풀이함.
- 횡설수설: 조리가 없이 말을 되는대로 지껄임.

자크 프레베르 〈공원〉

수많은 별들 중 지구
지구 위의
파리
파리의 몽수리 공원에서
겨울 햇살 비치는 어느 아침
네가 나에게 입 맞추고
내가 너에게 입 맞춘
그 영원의 순간을
천 년 만 년이 걸려도
다 말하지 못하리

DATE . .

권대웅 〈분꽃〉

꽃 속에 방房을 들이고
살았으면
지붕이랑 창문에는 꽃등을 걸어놓고
멀리서도 환했으면
꽃이 피면
스무 살 적 엄마랑 아버지랑 사는
저 환한 달 속을 다 보았으면
그 속에서 놀았으면
밤새 놀다가
그만 깜빡 졸다 깨어나면
그렇게 까만 눈동자
아기 하나 생겼으면

《조금 쓸쓸했던 생의 한때》, 문학동네, 2022

DATE . .

박경용 〈귤 한 개〉

귤
한 개가
방을 가득 채운다.

짜릿하고 향긋한
냄새로
물들이고

양지짝의 화안한
빛으로
물들이고

사르르 군침 도는
맛으로
물들이고

귤
한 개가
방보다 크다.

《귤 한 개》, 아동문예사, 2005

마쓰이에 마사시 《여름은 오래 그곳에 남아》 <small>소설</small>

해가 뜨기 얼마 전부터 하늘은 신비한 푸른빛을 띠며, 모든 것을 삼킨 깊은 어둠 가운데에서 순식간에 숲의 윤곽이 떠오른다. 일출 시간을 기다리지 않고, 아침은 싱겁게 밝아온다. 침대에서 일어나 가운뎃마당에 면한 작은 유리창 블라인드를 올린다. 안개다. 어느 틈에 어디에서 솟구쳤는지 하얀 덩어리가 계수나무 가지와 잎사귀를 천천히 쓰다듬으며 움직인다. 조용했다. 새도 포기하고 지저귐을 그만두었나보다. 유리창을 열고 코를 멀리 밀듯이 얼굴을 내밀고 안개 냄새를 맡는다. 안개 냄새에 색깔이 있다면 그것은 하얀색이 아니라 초록색일 것이다. 옆의 설계실 블라인드를 소리나지 않게 올린다. 좌우로 넓게 퍼진 남향창 가득히 안개가 흐르고 있다.
가운뎃마당에 있는 큰 계수나무가 안개 속에 가라앉고, 안개 속에 떠 있다. 선생님은 이런 숲 속을 산책하는 걸까, 길을 잃지는 않으실까.

김춘미 옮김, 비채, 2016, 10쪽

DATE . .

작자 미상 〈못 하나가 없어서〉

못 하나가 없어서 편자를 잃었고,
편자가 없어서 말을 잃었고,
말이 없어서 기수를 못 얻었고,
기수가 없어서 전투에 졌고,
전투에 져서 전쟁에 패했고,
전쟁에 패해서 자유를 잃었다.
이 모든 것이 그저 못 하나 때문에.

DATE . .

함민복 〈사과를 먹으며〉

사과를 먹는다
사과나무의 일부를 먹는다
사과꽃에 눈부시던 햇살을 먹는다
사과를 흔들던 소슬바람을 먹는다
사과나무를 감싸던 눈송이를 먹는다
사과 위를 지나던 벌레의 기억을 먹는다
사과나무에서 울던 새소리를 먹는다
사과나무 잎새를 먹는다
사과를 가꾼 사람의 땀방울을 먹는다
사과를 연구한 식물학자의 지식을 먹는다
사과나무집 딸이 바라보던 하늘을 먹는다
사과에 수액을 공급하던 사과나무 가지를 먹는다
사과나무의 세월, 사과나무 나이테를 먹는다
사과를 지탱해온 사과나무 뿌리를 먹는다
사과의 씨앗을 먹는다
사과나무의 흙을 붙잡고 있는 지구의 중력을 먹는다
사과나무가 존재할 수 있게 한 우주를 먹는다
흙으로 빚어진 사과를 먹는다

→ 뒷장에 이어서

DATE . .

함민복 〈사과를 먹으며〉

흙에서 멀리 도망쳐보려다
흙으로 돌아가고 마는
사과를 먹는다
사과가 나를 먹는다

《우울씨의 일일》, 문학동네, 2020

DATE . .

박지원 〈주공탑명塵公塔銘〉

내가 지황탕을 마시려는데
거품이 부글부글
내 뺨과 이마 찍혀 있구나.
거품마다 내가 있고
포말마다 내가 있네.
거품 크면 나도 크고
포말 작으면 나도 작네.
(…)
내가 한 번 찡그리자
일제히 찌푸린다.
시험 삼아 웃어 보니
모두 함께 웃는구나.
(…)
그릇을 싹 비우자
향기 없고 빛도 없어
백 명 나와 천 명 나는
소리 없고 자취 없네.

아아! 저 주공은
과거의 포말이고,
이 비석 만드는 자
현재의 포말일세.
이제부터 이후로
백 년, 천 년 세월 뒤에
이 글을 읽을 자는
미래의 포말이라.
거품 비침 나 아니요
거품이 거품에 비침이요,
포말 비침 나 아니니
포말에 포말이 비침일세.
포말을 적멸 비추니
기쁨 슬픔 어이하리.

《오늘 아침, 나는 책을 읽었다》, 정민, 태학사, 2020

DATE . .

❸ 역설로 뒤집기

'그러나', '하지만', '그런데' 등의 접속부사가 등장하면
뒤에 나올 말이 앞과 다른 내용이거나 방향임을 추측할 수 있습니다.
지금까지의 흐름을 일단 멈춰 세우고 틀거나 꺾지요.
연거푸 사용하는 것은 바람직하지 않습니다.
말이나 글도 일종의 길과 같은데
자꾸 요리조리 틀거나 꺾으면 어지럽습니다.
짜임새의 백미는 반전에 있습니다.
간편한 접속부사 대신 짜임새를 타고 크게 뒤집으면
'놀라움'*을 줄 수 있습니다.
(참고로 '놀라움'은 긍정적인 감정 중에서도 최상급에 속합니다.)
반전을 위해 짜임새를 이용하는 방법 중 하나가
'역설'*입니다. '패러독스'*라고도 하지요.

- 놀라움: 신기하게 또는 훌륭하게 여기거나 뜻밖으로 생각하여 받는 느낌.
- 역설(패러독스): 일반적으로는 모순을 야기하지 아니하나 특정한 경우에는 논리적 모순을 일으키는 논증. 모순을 일으키기는 하지만 그 속에 중요한 진리가 함축되어 있는 것으로 간주한다.
- 모순: 어떤 사실의 앞뒤, 또는 두 사실이 이치상 어긋나서 서로 맞지 않음을 이르는 말.

장 드 라 퐁텐 〈여우와 포도〉

가스코뉴 지방, 혹은 노르망디 지방의 한 여우가
오랫동안 굶어서 거의 다 죽어가다가
포도나무 꼭대기에서 아주 잘 익은 것처럼 보이는
진홍빛 빛깔의 포도를 발견했다.
여우는 기꺼이 그것을 먹었을 것이다.
그러나 거기에 닿을 수가 없으므로 그는 이렇게 말했다.
"저것들은 한참 덜 익었어. 천한 것들이나 먹기에 딱 좋군."
먹지 못함을 안타까워하기보다는,
자존심을 지키는 편이 차라리 낫지 않은가?

《라 퐁텐 그림 우화》, 박명숙 옮김

유명한 〈여우와 포도〉 우화의 원문입니다. 본심과 다른 말로 자기 합리화하는 행위가 과연 옳을까요, 나쁠까요. 루쉰의 《아Q정전》에도 '정신 승리'라는 이름으로 비슷한 이야기가 나옵니다. 루쉰은 시비를 가렸지만 라 퐁텐은 뜻대로 되지 않은 일에 상처받은 마음을 어루만지는 쪽을 택했습니다. 정작 중요한 마지막 두 줄이 어쩌다 빠진 채 회자됐을까요. 아마 옳고 그름을 따지려는 마음이 그리했을 것입니다.

〈여우와 포도〉는 짜임새의 교본으로 삼아도 손색이 없습니다. 짧은 글은 기승전결起承轉結보다 정반합正反合의 짜임새가 효과적입니다. 이야기의 주변부를 돌지 말고 바로 핵심으로 들어가세요. (정: 배고프다.) 핵심을 뒤집는 반전을 제시하세요. (반: 닿을 수 없다.) 그 두 개가 충돌하면서 발생하는 에너지를 거두어들여 자기만의 성찰로 결론을 내리세요. (합: 어차피 먹지도 못하는데 자존심이라도 지키는 편이 낫다.)

유하 〈나무〉

잎새는 뿌리의 어둠을 벗어나려 하고
뿌리는 잎새의 태양을 벗어나려 한다
나무는 나무를 벗어나려는 힘으로
비로소 한 그루
아름드리나무가 된다

《나의 사랑은 나비처럼 가벼웠다》, 문학동네, 2022

정반합*의 짜임새를 염두에 두고 잎새와 뿌리, 나무가 이루는 얼개를 따라가보세요. 우리네 삶과 많이 닮았습니다.

- 정반합正反合: 헤겔에 의하여 정식화된 변증법 논리의 3단계. 곧 하나의 주장인 정正에 모순되는 다른 주장인 반反이, 더 높은 종합적인 주장인 합合에 통합되는 과정을 이른다.

루쉰 〈고향〉

소설

단지 그의 소망이 현실에 아주 가까운 것이라면,
나의 소망은 막연하고 아득하다는 것뿐이다.
몽롱한 나의 눈앞에 바닷가의 파아란 모래사장이 떠올라 왔다.
위로는 짙은 쪽빛 하늘에 황금빛 보름달이 걸려 있다.
나는 생각했다. 희망이란 것은 본래 있다고도 할 수 없고, 없다고도 할 수 없다. 그것은 마치 땅 위의 길과 같은 것이다. 사실 땅 위에는 본래 길이 없었다. 걸어가는 사람이 많아지면서 곧 길이 된 것이다.

《루쉰 소설 전집》, 김시준 옮김, 을유문화사, 2008, 112~113쪽

제가 이 글을 처음 읽은 1990년대는 '희망은 있다, 노력만 하면 된다'라는 식의 캐치프레이즈가 요란하게 나부끼던 시절이었습니다. 그래서 이 글은 그 자체로 반전이었어요. 희망이라는 것은 본래 있다고도, 없다고도 합니다. 이 글귀 덕분에 운명이나 희망을 더 이상 남의 손에 맡기지 않을 수 있었습니다. 마지막 세 줄은 루쉰의 성찰로써 완벽하게 정반합의 짜임새를 이룹니다.

쇼펜하우어
〈사랑하지도 말고 미워하지도 말라〉

사랑하지도 말고 미워하지도 말라.
이것이 지혜의 절반에 해당된다.
아무 것도 말하지 말고 아무것도 믿지 말라.
그것이 지혜의 나머지 절반이다.
그러나 이런 명언을 지켜야 하는 이 세상에서 산다는 것은
얼마나 어처구니 없는 일인가.

《사랑은 없다》, 이동진 옮김, 해누리, 2004, 226쪽

☀ 편집이 얼마나 긴요한 요소인지 알려줍니다. '그러나 이런 명언을 지켜야 하는 이 세상에서 산다는 것은 얼마나 어처구니 없는 일인가'라는 구절이 빠진 채 회자되는 사태를 매우 유감스럽게 생각합니다. 차곡차곡 말들을 쌓아올리면서 시선을 끌더니 지혜를 갈구하는 이들의 바람을 단번에 엎어버립니다. 통쾌하지요.

오스카 와일드 〈윈더미어 부인의 부채〉

[희곡]

세상에는 두 가지 비극이 존재한다.
하나는 내가 원하는 것을 갖지 못하는 것이고,
다른 하나는 내가 원하는 것을 갖는 것이다.
두 번째가 훨씬 나쁘다.

☀ 오스카 와일드는 패러독스의 대가였습니다. 몇 구절을 소개합니다.

"행복한 기분일 때에는 언제라도 좋은 사람이 될 수 있지만 좋은 사람이 된다고 항상 행복한 것은 아니다."

"사랑에 빠질 때 그는 언제나 자신을 속이면서 사랑을 시작한다. 그리고 언제나 다른 사람을 속이면서 사랑을 끝낸다. 이것이 바로 세상 사람들이 로맨스라고 부르는 것이다."

"잘 성장했다는 것은 오늘날 큰 결점이다. 그것은 한 사람을 너무 많은 것으로부터 차단시켰다는 뜻이 된다."

"성인에게도 과거가 있고, 죄인에게도 미래가 있다."

비틀기만 한다고 패러독스가 되지 않습니다. 진실이 박혀 있어야 합니다.

로맹 가리 〈새들은 페루에 가서 죽다〉 소설

그가 대책 없는 어리석음이라고 스스로 이름붙인 그 무엇에 다시
점령당하고 만 것은 바로 그 순간이었다. 충분히 의식하고 있었고,
자신의 손안에서 모든 것이 부서지는 걸 목격하는 일에 습관이 되어
있었음에도 불구하고, 늘 이런 식이었으므로 속수무책이었다.
그의 내부에 있는 무언가가 체념을 거부하고 줄곧 희망이라는 미끼를 물고
싶어했다. 그는 삶 깊숙한 곳에 숨겨져 있는, 황혼의 순간 문득 다가와 모든
것을 환하게 밝혀줄 그런 행복의 가능성을 은근히 믿고 있었다.
대책 없는 어리석음 같은 것이 그의 안에 자리잡고 있었다.
(중략)
그 누구도 극복할 수 없는 단 한 가지 유혹이 있다면 그것은 희망의
유혹일 것이다. 그는 자기 안에 있는 젊음의 그런 유별난 집요함에
얼떨떨해진 채 고개를 내저었다.

《새들은 페루에 가서 죽다》, 김남주 옮김, 문학동네, 2001, 20~21쪽

희망은 그 자체로 패러독스의 속성을 지니고 있습니다. 로맹 가리는 '극복할 수 없는 단 한가지 유혹'이라고 표현했고, 최윤은 《회색 눈사람》에서 '마약과 같은 것'으로 표현하면서 '그것이 무엇이거든 그 가능성을 조금 맛본 사람은 무조건적으로 그것을 애착하게 된다'라고 했지요.

산도르 마라이 〈전망〉

산문

첫날 나는 시가지와 모형 같은 형상들이 빚어낸 전망에 감탄하며 공상에 잠겼다. 이튿날은 지루해서 하품을 하며 도시를 바라보았다. 멀리에서 윤곽만 보는 것은 재미없다는 생각이 들었다. 모여 있는 집들이 아니라 집이나 창문, 방 하나하나가 흥미를 끈다. 나는 '도시의 주민들'에는 관심이 없다. 기젤라와 하인리히라고 이름 불리는 유일무이한 존재만이 내 관심의 대상이다. 멀리에서 그저 아름다운 숲을 나타내는 회색 점은 의미가 없다. 한 그루의 나무, 내 창문에 그늘을 드리우고 작은 새가 앉아 노래하는 한 그루 나무만이 나를 황홀하게 하고 매혹시킨다. 창문을 닫아라.

《하늘과 땅》, 김인순 옮김, 솔, 2017, 83쪽

DATE   .   .

'인간애'를 정·반·합의 구조와 패러독스에 담아 표현했습니다.

❹ 의미의 흐름

모든 글(말)의 짜임새는 의미의 흐름을 자연스럽게 따라갑니다.
이때 '의미'에 대한 정확한 이해가 필요합니다.
'의(意: 뜻·쓸모와 가치·중요성)'도 중요하지만
'미(味: 감정·상황·분위기·멋)'을 염두에 두지 않으면 곤란합니다.
이에 따라 자연스러운 흐름이란 억지스럽게 꿰맞추지 않는 것,
나아가 리듬감입니다.
모든 생명을 가진 것들의 움직임을 떠올려보세요.
앞으로만 계속 가는 것은 없습니다.
옆으로도, 뒤로도 갑니다. 흔들리거나 꿈틀거립니다.
고꾸라지기도, 솟구쳐 오르기도 하지요.
옆으로 누운 대문자 S 같다고나 할까요.(∽)
짜임새를 기승전결 등으로 가두려 하기보다
의미의 흐름에 자연스럽게 올라타세요.
문장의 대가들이 쓴 글들을 필사하면서
의미의 흐름을 따라 표현하는 감각을 익히면
도움이 될 것입니다.

정채봉 〈찔레꽃 아침〉

(산문)

5월의 아침은 첫눈 온 날 비로 마당을 쓴 것처럼 신선하다. 새벽잠을 털어낸 아낙이 머리에 하얀 수건을 쓰고 대문을 따면 바람이 한 바퀴 뒤꼍까지를 돌아, 밤 자국을 마저 헹구고 성근 대밭으로 빠져나간다. 그때부터이다. 밤새 달그락거리며 살강 밑을 오고 가던 쥐들이 숨고 나면 외양간의 점잖은 소가 그의 목에 달린 쇠방울로 기척을 한다.

감나무 밑에는 감꽃이 숭숭숭 져 있고 담장 밑 붓꽃은 이제 막 파란 잉크빛으로 피어나고 있고 담장을 타고 오르는 호박순은 또 하룻밤 사이에 한 뼘이나 자라 있다.

어디 5월의 밤사이에 생긴 일이 이뿐이랴. 텃밭에는 고추 꽃이 이울면서 고추가 갓 생겨나고 가지 또한 꽃이 이운 자리에는 개도토리처럼 가지가 빠끔히 비어져 나오고 있다. 그리고 또 완두콩 두렁에는 보랏빛으로 핀 완두콩 꽃이 한창인데 달팽이란 녀석이 엉거주춤 나와 앉아 꽃향기를 대하고 있는 것을 볼 수 있기도 하다.

이 아침 길을 걸어보라. 풀숲에서 묻어 드는 이슬로 하여 바짓가랑이는 후줄근히 젖고 연못에 비껴들어 있는 하늘은 어이 저리도 청순한가. 거기에 떠 있는 한 송이 수련은 여기 지상이 좋아 얼른 하늘로 돌아가지 못한 별처럼 여겨지기도 한다.

《스무 살 어머니》, 샘터, 2006, 15~16쪽

DATE . .

황순원 〈산골아이〉

소설

("지금두 여우가 고운 색시 되나?" "다 옛말이라서 그렇단다."
여기서 애는 나무하러 가는 아버지를 따라가 내려다본 아슬아슬한 여우고개의 가파른 낭떠러지를 눈앞에 떠올리며, 사실 그런 곳에서는 지금도 여우한테 홀릴는지 모른다는 생각을 해본다. 할머니가 그냥 실꾸리를 결으며, "이젠 자라 애." 한다.)
그제야 이 가난한 산골 애는 도토리 꿰미를 들고 이불 속 깊이 들어간다. 곰 새끼처럼. 거기서 애는 이불을 쓰고, 자기만은 그런 옛말을 다 알고 있으니까 어떤 꽃 같은 색시가 나와도 홀리지 않으리라는 생각을, 도토리를 먹으며 하다가, 그만 잠이 든다.
그런데 꿈속에서 애는 꽃 같은 색시가 물려주는 구슬을 삼키지 못한다. 살펴보니 아슬아슬한 여우고개 낭떠러지 위다. 그러니까 꽃 같은 색시는 여우가 분명하다. 할머니가 그건 다 옛이야기가 돼서 그렇다고 했지만 이게 분명히 여우임이 틀림없다. 그래 구슬알을 아무리 삼켜버리려 해도 안 넘어간다. 이러다가는 여우한테 홀리겠다. 그러면서도 색시가 너무 고운데 그만 홀려 하라는 대로만 하지 구슬을 못 삼킨다. 이러다가는 정말 큰일나겠다. 어떻게 하면 좋은가. 옳지, 눈을 딱 감고 삼켜보자. 눈을 딱 감는데 발밑이 무너져 낭떠러지 위에서 떨어지면서 깜짝 잠이 깬다. 입에 도토리알을 물고 있었다. 애는 무서운 꿈이나 뱉어버리듯이 도토리알을 뱉어버린다. 그러나 다음날 아침이면 이 가난한 산골 애는 다시 도토리를 먹는다.

《독 짓는 늙은이: 황순원 단편선》, 문학과지성사, 2004, 55~56쪽

괄호 안의 문장은 배경의 이해를 돕기 위해 넣었습니다.

작자 미상 《춘향전》 〔소설〕

"향단아, 밀어라."
한번 굴러 힘을 주며 두 번 굴러 힘을 주니 발밑에 작은 티끌 바람 쫓아 펄펄.
앞뒤 점점 멀어가니 머리 위의 나뭇잎은 몸을 따라 흔들흔들.
오고 갈 제 살펴보니 녹음 속의 붉은 치맛자락 바람결에 내비치니,
높고 넓은 흰 구름 사이에 번갯불이 쏘는 듯 잠깐 사이에 앞뒤가 바뀌는구나.
앞으로 어른거리는 모습은 제비가 가볍게 날아 떨어지는 도화桃花 한점
찾으러 쫓는 듯, 뒤로 번듯 하는 모습은 광풍에 놀란 나비 짝을 잃고 가다가
돌이키는 듯, 무산巫山의 선녀 구름 타고 양대陽臺 위에 내리는 듯 나뭇잎도
물어보고 꽃도 질끈 꺾어 머리에다 실근실근.
"이애, 향단아, 그네 바람이 독하기로 정신이 아찔하다. 그넷줄 붙들어라."
붙들려고 무수히 진퇴進退하며 한참 노닐 적에 시냇가 반석磐石 위에 옥비녀
떨어져 쟁쟁하고, '비녀, 비녀'하는 소리는 산호채를 들어 옥그릇을 깨뜨리는
듯, 그 형용은 세상 인물 아니로다.

송성욱 풀어 옮김, 민음사, 2004, 23~25쪽

☀ 단옷날에 춘향이 추천(鞦韆: 그네뛰기) 하는 장면입니다. 비유가 생동감 넘칠 뿐 아니라 대단히 화려하지요. 그도 그럴 것이 이 도령이 멀리서 보고도 한눈에 반할 정도여야 하니까요. 이것이 원전에 있는 의미의 흐름이라면 서정주 시인은 같은 장면을 두고 의미의 흐름을 완전히 바꿉니다.

서정주 〈추천사鞦韆詞 — 춘향의 말 1〉

향단아 그넷줄을 밀어라
머언 바다로
배를 내어밀듯이,
향단아.

이 다수굿이 흔들리는 수양버들 나무와
벼갯모에 뇌이듯한 풀꽃데미로부터,
자잘한 나비 새끼 꾀꼬리들로부터
아조 내어밀듯이, 향단아.

산호도 섬도 없는 저 하눌로
나를 밀어 올려다오
채색한 구름같이 나를 밀어 올려다오
이 울렁이는 가슴을 밀어 올려다오!

바람이 파도를 밀어 올리듯이
그렇게 나를 밀어 올려다오
향단아.

서으로 가는 달같이는
나는 아무래도 갈 수가 없다.

• 추천사: 그네를 타며 하는 이야기

《서정주 시선》, 은행나무, 2019

달은 동쪽에서 떠 서쪽으로 갑니다. 한계이자 운명이지요. 춘향은 그 진실을 인정하지만 순응하고 싶지 않습니다. '밀어 올려다오'라고 반복하는 표현이 그 절절한 갈망을 나타냅니다. 춘향은 달처럼 정해진 대로의 서쪽이 아니라 내가 원하는 세상으로 나아가고 싶습니다.

구양수 〈가을의 소리에 대하여 秋聲賦〉

내가 밤이 될 무렵 책을 읽는데 서남쪽에서 어떤 소리가 들려
섬뜩 놀라 이 소리에 귀를 기울이며 말했다
"이상하구나! 처음에는 쌀 씻는 소리 같고 바람 소리 같더니
느닷없이 물결이 거세게 솟구쳐 부딪치는 소리 같다가
파도가 밤중에 놀라 폭풍우로 쏟아지는 듯하다가
그 물결이 무슨 물건에 부딪혀 쨍그렁거리며 쇠붙이들이 한꺼번에 울리는
듯하다. 혹은 적지에 다다른 군마들이 재갈을 물고 내달리듯하는데
호령 소리는 들리지 않고 사람과 말이 달리는 소리만 들리는 것 같다."
내가 어린 하인에게 물었다
"이것이 무슨 소리냐? 네가 나가서 살펴보아라."
어린 하인이 보고 와서 말하였다
"별과 달은 환히 빛나고요. 하늘에는 은하수가 걸렸고요
어디서도 사람 소리는 들리지 않아요. 그러니 이 소리는 나무에서 나는 거죠."
나는 말하였다
"아아! 슬프도다! 이는 가을의 소리구나 어이하여 가을은 왔느냐.
대개 가을의 형상은 색이 참담한데 안개와 구름이 걷혀 드러난 모습은
청명하다. 하늘은 높고 해는 빛나며 기운이 서늘하여
사람의 살과 뼛속을 파고들고, 뜻은 쓸쓸해져 산천이 적막하다."
(후략)

☀ 어린 하인은 듣지 못하고 구양수(북송의 문인)만 들었습니다. 인생의 가을이지요. 단원 김홍도가 이 시에서 영감을 얻어 그린 그림이 〈추성부도(보물 제1393호, 국립중앙박물관 소장)〉입니다. 구양수가 가을의 소리를 어떻게 비유하며 인생의 가을을 깨닫는지 의미의 흐름을 찬찬히 뜯어보세요.

욘 포세 《아침 그리고 저녁》

소설

그가 기어를 후진으로 놓자 배는 천천히 만을 빠져나간다 그리고 요한네스는 가만히 서서 언덕과 들판, 산과 해안에 늘어선 집들을 둘러본다, 부잔교와 부표에 묶여 있는 그의 작은 노 젓는 배, 그리고 보트하우스들과 거리 위쪽의 집들을 바라보며 그는 그 모든 것에 마음이 뿌듯해지는 것을 느낀다, 야생초들과 그가 아는 모든 것, 그 모든 것이 이 세상에서 그가 속한 자리다, 그의 것이다, 언덕, 보트하우스, 해변의 돌들, 그 전부가, 그런데 그것들을 다시는 볼 수 없을 것만 같은 느낌이 든다, 하지만 그것들은 마치 소리처럼, 그렇다 그 안의 소리처럼 그의 일부로 그 안에 머물 것이었다, 요한네스는 손을 들어 눈을 비비고 다시 바라본다, 모든 것이 아스라이 멀어져가는 것을, 하늘 저 뒤편에서, 사방에서, 돌 하나하나가, 보트 한 척 한 척이 그에게서 희미하게 멀어져가고 그는 이제 더이상 아무것도 알 수가 없다, 오늘은 모든 것이 과거 어느 때와도 다르다, 무슨 일이 일어난 것이 분명하다, 하지만 대체 무슨 일일까? 요한네스는 생각해보지만 한마디로 이해할 수 없다, 모든 것이 평소와 다름없으니까,

박경희 옮김, 문학동네, 2019, 74~75쪽

☀ 마침표를 쓰지 않거나 쉼표로 문장을 이어나가는 의도가 있습니다. 죽었지만 아직 자신이 죽은 줄 모르는 영혼이 주인공입니다. 욘 포세는 어떻게 죽은 영혼의 심정을 표현할 수 있었을까요. 어쩌면 피치 못한 이별 (그것이 이별인 줄 나중에야 깨달은)의 순간을 상상하지 않았을까요.

김현 〈말들의 풍경〉

(산문)

말들은 저마다 자기의 풍경을 갖고 있다. 그 풍경들은 비슷해 보이지만 자세히 들여다보면 다 다르다. 그 다름은 이중적이다. 하나의 풍경도 보는 사람에 따라 다르고, 풍경들의 모음도 그러하다. 볼 때마다 다른 풍경들은 그것들이 움직이지 않고 붙박이로 있기를 바라는 사람들에게는 견딜 수 없는 변화로 보인다. 그러나 변화를 좋아하는 사람들에게는 그것이야말로 말들이 갖고 있는 은총이다. 말들의 풍경이 자주 변하는 것은 그 풍경 자체에 사람들이 부여한 의미가 중첩되어 있기 때문이며, 동시에 풍경을 보는 사람의 마음이 자꾸 변화하기 때문이다. 풍경은 그것 자체가 마치 기름물감의 계속적인 덧칠처럼 사람들이 부여하는 의미로 덧칠되며, 그 풍경을 바라다보는 사람의 마음의 움직임에 따라 마치 빛의 움직임에 따라 물의 색깔이 변하듯 변한다. 풍경은 수직적인 의미의 중첩이며, 수평적인 의미의 이동이다.

그 중첩과 이동을 낳는 것은 사람의 욕망이다. 욕망은 언제나 왜곡되게 자신을 표현하며, 그 왜곡을 낳는 것은 억압된 충동이다. 사람의 마음속에 있는 본능적인 충동이 모든 변화를 낳는다. 본질은 없고, 있는 것은 변화하는 본질이다. 아니 변화가 본질이다.

《젊은 시인들의 상상세계/말들의 풍경》, 문학과지성사, 1992, 211쪽

☀ "말들은 저마다 자기의 풍경을 갖고 있다"라는 구절을 여기저기서 많이 인용합니다. 정확한 의미를 전하고 싶었습니다. 붙박인 풍경이 아니라 사람의 마음이, 사람이 부여하는 의미가 변화하는 풍경이라고요. 이것이 언어의 본질이라고요. 모든 것이 그러하듯.

막스 피카르트 〈시간과 침묵〉

산문

봄의 어느 아침, 꽃들을 가득 달고 벚나무가 서 있다. 하얀꽃들은 그 가지에서 나온 것이 아니라 침묵의 체에서 떨어져나온 것 같다. 아무 소리도 들리지 않게 그 꽃들은 침묵을 따라서 미끄러져 내려왔고, 그래서 하얀 빛이 되었다. 새들이 그 나무에서 노래했다. 마치 침묵이 그 마지막 남은 소리들을 흔들어 떨쳐버리기라도 한 듯이 그 침묵의 음音들을 쪼아올리는 것이 새들의 노래인 것 같았다.

나무의 푸른빛 또한 돌연히 나타난다. 한 나무가 다른 한 나무 곁에 푸른빛으로 서 있는 모습은 그 푸른빛이 침묵하면서 한 나무에게서 다른 한 나무에게로 옮아가는 것처럼 보인다. 마치 대화할 때 말이 한 사람에게서 다른 한 사람에게로 전해지듯이.

《침묵의 세계》, 최승자 옮김, 까치글방, 2010, 128~129쪽

DATE   .   .

침묵에서 출발해 어떻게 옮아가고 전해져 우리에게 당도하는지 그 흐름을 느껴보세요.

# 호모 엑스핑고로서 표현하기 6

생각이나 느낌을 짜임새 있게 표현해보세요.

☐ 처음부터 짜임새 안에 당신의 생각이나 느낌을 가두지 마세요.

☐ 일단 '있는 그대로' 기술합니다.

☐ 기술한 내용을 새로운 눈으로 읽으면서 어떤 짜임새로 정리하면 의미 전달에 효과적일지 가늠합니다.

☐ ❶ 대비감으로 충돌시키기

　❷ 점점으로 연결하기

　❸ 역설로 뒤집기

　❹ 의미의 흐름

이 중 한 가지를 선택해 이전에 기술한 글에서 취할 것은 취하고 버릴 것은 버립니다.

☐ 정리한 글을 소리 내어 읽으면서 매끄러운지, 거친지, 순전히 주관적으로 느껴보세요. 잘했다, 잘못했다 판단하지 말고 느끼기만 하세요. 그 느낌을 기억하면서 세 번째 걸음을 향해 발을 뗍니다.

세 번째 걸음

표현을 기르는

비결 2 | 비유

적확한 어휘는 정확하게 의미를 전달할 수 있지만 상대가 얼마나 혹은 어떻게 의미를 이해하느냐가 늘 관건입니다. 적잖이 실패합니다. 예를 들어 '달의 지름은 3,500km'라고 하면 크다는 것은 알겠는데 얼마나 큰지 구체적으로 와닿지 않습니다. 이때 흔히 동원하는 표현이 '달의 지름은 지구의 약 4분의 1'이라거나 '한반도의 약 171배' 식의 비교에 따른 비유입니다. '3,500km'라는 정확한 용어보다 더 명확하게 의미를 전달하지요. 이왕에 지구보다 한반도의 크기에 비유하면 더 구체적으로 실감할 수 있습니다. 우리는 지구보다 한반도의 크기에 익숙하니까요. 많은 표현이 이처럼 비유로 시작합니다.

어렸을 적에 부르던 구전동요가 있습니다. "원숭이 엉덩이는 빨개. 빨가면 사과. 사과는 맛있어. 맛있으면 바나나. 바나나는 길어. 길면 기차. 기차는 빨라. 빠르면 비행기. 비행기는 높아. 높으면 백두산. 백두산은 뾰족해. 뾰족하면 바늘. 바늘은 무서워. 무서우면 귀신. 귀신은 싫어. 싫으면 시집가' (바늘 이후의 가사는 제나름입니다.) 연쇄법이기도 하지만 길다, 빠르다, 높다, 뾰족하다, 무섭다, 싫다 등의 용언에 맞춤한 명사를 유추하지 못하면 노래를 이어갈 수 없습니다. 대신 유추할 수 있다면 추상적인 형용사의 의미를 구체적으로 그릴 수 있습니다. 이쯤 되면 비유 대상이 갖는 조건을 짐작할 수 있지요. 바로 '유추할 수 있게'입니다.

비유가 필요한 또 다른 배경으로 '언어유희', 언어를 통한 즐거움을 누리기 위해서입니다. (구전동요 〈원숭이 엉덩이는 빨개〉도 언어유희라고 할 수 있습니다.) '유희'라는 어휘의 특성상 부차적 기능으로 여길지 모르겠습니다. 그렇지만 우리가 일상에서 듣고 보고 하는 말이나 글이 차지하는 비중을 감안하면 간과할 수 없지요. 인간의 속성상 즐거움을 느끼지 못하면 아무리 봐도 보이지 않고, 아무리 들어도 들리지 않습니다. 물론 여기에서 즐거움의 기준은 저마다 달라서 누군가에게 고역이 다른 누군가에게 유희일 수 있겠습니다.

표현력이 뛰어난 사람의 언변을 낮잡아 '갖다 붙이기도 잘 갖다 붙인다'라고 합니다. 이들은 무엇을 말해도 어디에다 참 잘 갖다 붙입니다.(핑계나 변명하고는 다른 의미입니다.) 앞에서 소개한 '있는 그대로' 가 아니라 '어디에 갖다 붙이는' 방식을 택한 이유는 의미를 구체적으로 그려내어 수월히 이해할 수 있도록 전달하기 위함입니다. 예를 들어 '낫 놓고 기역자도 모른다'라는 속담은 머릿속에 '낫'을 그려내도록 하면서 '무식하다'는 말보다 훨씬 적나라하게 무식의 정도를 알립니다. '무식'이라는 말을 전혀 하지 않고도 말이지요.

이처럼 의미를 구체적으로 그려내 보다 쉽게 이해할 수 있도록, 언어를 통한 즐거움을 누릴 수 있도록 무엇을 어디에 갖다 붙입니다. 이 갖다 붙이는 행위를 '비유하다'라고 합니다.

비유법에는 다양한 종류가 있습니다. 어느 비유법이든 전제 조건이 있습니다. 원관념을 나만 아는 보조관념에 비유하면 유추하기 힘들어 의미 전달에 실패합니다. 그렇다고 지극히 상식적인 것에 비유하면 하나마나한 싱거운 표현이 되고, 동떨어진 것에 비유하면 이해하기 어려워서 공감과 유희를 잃기 쉽습니다. 참고로 비유법에서 표현하고자 하는 실제 내용을 '원관념'이라 하고, '원관념의 뜻이나 분위기가 잘 드러나도록 도와주는 관념'을 보조관념이라고 칭합니다. '내 마음은 호수요'라는 시구에서 '내 마음'이 원관념이라면 '호수'가 보조관념이지요. 원관념과 보조관념이 꼭 함께 가야 하는 것은 아닙니다. 때로 원관념이 전혀 등장하지 않으면서 보조관념으로만 의미를 전달하는데 꽤 멋스럽습니다. 저는 이 책에서 이러한 표현을 모두 아울러 '빗대기'라고 칭하겠습니다.

'백 번 듣는 것이 한 번 보는 것만 못하다(百聞이 不如一見)'고 합니다. 그러나 정작 중요한 것은 무형의 가치나 개념에 있기 마련이지요. 그렇다면 앞서의 고사성어는 잘못된 표현일까요. '백문이 불여일견'은 전한 시대에 황제가 출병을 앞두고 구체적인 전략을 묻자 장군 조충국이 고한 말에서 유래했습니다. 전장에서 들려오거나 조정에서 논하는 말을 백 번 듣는 것보다 전장의 상황을 직접 봐야 제대로 파악할 수 있다는 의미였어요. 이 또한 '전략'이라는 무형의 개념을 비유를 들어 표현한 말이었습니다.

개념이나 가치를 쉽게 이해할 수 있도록 전달하는 대표적인 형식이 '우화'입니다. 문법적으로 풍유라고 합니다. 직유와 은유 등이 '갖다 붙인다'고 하면, 풍유는 '빗댄다(곧바로 말하지 아니하고 빙 둘러서 말하다)'고 할 수 있습니다. 본뜻을 숨기고 비유만으로 뜻을 나타내지요. 둘러서 하는 말이 원관념의 이미지를 그려내 독자의 상상력을 자극합니다. '코에 걸면 코걸이, 귀에 걸면 귀걸이'처럼 다양한 해석도 무방합니다. 그러는 과정에 무생물을 생물인 것처럼, 감정이 없는 것을 있는 것처럼 설정해 뜻을 풀어내는데 이를 활유라 합니다. 빗대는 표현은 주로 추상적인 의미를 나타낼 때 쓰입니다. 생각해보면 우리의 진정한 소통도 무형적인 가치나 추상적인 개념이 표현을 통해 서로의 이해에 도달했을 때 이루어지기 마련이지요.

표현력을 기르는 비결, 이번 장에서는 '갖다 붙이기'와 '빗대기'로 표현한 문장들을 소개합니다.

❶ 갖다 붙이기

동일한 소재를 각각의 문장들이 어디에 어떻게 갖다 붙이면서

의미를 전달하는지 체험해보세요.

(비유법으로는 직유와 은유라고 합니다.)

저마다의 키워드로 일곱 개 묶음을 만들었습니다.

구름,

맛,

카뮈의 태양,

언어의 한계,

소문,

시간,

행복, 입니다.

김춘수 〈구름〉

구름은 딸기밭에 가서 딸기를 몇 개 따먹고 〈아직 맛이 덜 들었군!〉
하는 얼굴을 한다.
구름은 흰 보자기를 펴더니, 양털 같기도 하고 무슨 헝겊쪽 같기도 한
그런 것들을 늘어놓고, 혼자서 히죽이 웃어보기도 하고 혼자서 깔깔깔
웃어보기도 하고 —
어디로 갈까? 냇물로 내려가서 목욕이나 하고 화장이나 할까 보다.
저 뭐라는 높다란 나무 위에 올라가서 휘파람이나 불까 보다.
그러나 구름은 딸기를 몇 개 더 따먹고 이런 청명한 날에 미안하지만
할 수 없다는 듯이, 〈아직 맛이 덜 들었군!〉 하는 얼굴을 한다.

《처용》, 민음사, 1995

흰 보자기나 양털, 헝겊쪽에 비유하면 현재 구름의 생김새를 생생히 알 수 있습니다. 이 시의 참신함은 사람들이 구름을 보고 흔히 하는 표현을 구름의 놀잇감으로 돌리고 구름을 의인화한 데 있습니다. 무생물을 생물에 비유하기를 유치하게 여길 수 있지만 대상에 내 심경을 투영해 새로 빚어내면 한 편의 시가 됩니다. 초여름의 맑은 풍경이 유유자적하게 흘러갑니다.

헤르만 헤세 〈아름답고 우울한 구름〉

구름들은 떠 있는 섬의 형태를 보이는가 하면 축복하는 천사의 모습을 띠기도 한다. 그것들은 위협하는 손 같기도 하고, 돛단배의 펄럭거리는 돛과도 같으며, 하늘에 떠서 배회하는 두루미처럼 보일 때도 있다. 또한 그것들은 모든 인간들의 꿈을 아름답게 비유한 존재로서, 신이 계시는 하늘과 메마른 지상 사이를 떠다닌다. 그렇게 하늘과 지상 양쪽에 다 속하며, 지상의 꿈이 되기도 한다. 그 꿈속에서 그들은 오염된 영혼을 순수한 하늘에 매달리게 한다.

구름들은 영원히 방랑하는 것들, 모든 이상과 갈망, 향수의 영원한 상징이다. 또한 그것들은, 땅과 하늘 사이에서 수줍으면서도 꿈꾸듯, 그리고 저항하듯 매달려 있다. 그처럼 인간들의 영혼도 시간과 영원 사이에서 수줍어하고 꿈꾸면서, 그리고 저항하면서 매달려 있다.

《그리움이 나를 밀고 간다》, 두행숙 옮김, 문예춘추사, 2022, 30~31쪽

☀ 김춘수의 〈구름〉과 같은 구름이며 다른 표현입니다. 시와 산문의 차이라고 할 수도 있겠습니다.

이옥 〈상추쌈〉

산문

이제 입을 크게 벌려 잇몸은 드러나고 입술은 활처럼 되게 하고, 오른손으로 쌈을 입으로 밀어 넣으며 왼손으로는 오른손을 받친다. 마치 성이 난 큰 소가 섶과 꼴을 지고 사립문으로 돌진하다 문지도리에 걸려 멈추는 것과 같다. 눈을 부릅뜬 것이 화가 난 듯하고, 뺨이 볼록한 것이 종기가 생긴 듯하고, 입술은 꼭 다문 것이 꿰맨 듯하고, 이齒는 신이 난 것이 무언가를 쪼개는 듯하다. 이런 모양으로 느긋하게 씹다가 천천히 삼키면 달고 상큼하고 진실로 맛이 있어 더 바랄 것이 없다. 처음 쌈을 씹을 때에는 옆사람이 우스운 이야기를 주고 받는 것을 허락하지 않아야 된다. 만일 조심하지 않고 한번 크게 웃게 되면 흰 밥알이 튀고 푸른 상추잎이 주위에 흩뿌려져, 반드시 다 뱉어내고 나서야 그치게 될 것이다.

- 문지도리: 문짝을 여닫을 때 문짝이 달려 있게 하는 물건.
- 사륙문四六文: 4자로 된 구와 6자로 된 구를 배열해서 쓰는 한문 문체.

《벌레들의 괴롭힘에 대하여: 완역 이옥전집 3》, 실시학사 고전문학연구회 옮기고 엮음,
휴머니스트, 2009, 325쪽

이옥은 조선 정조 대의 문인이었습니다. 이백 년 전에 이토록 천연덕스럽고 능수능란하게 비유법을 구사한 문인이 있었습니다. 그러나 정조는 이러한 소설 문체를 상당히 싫어했습니다. 오죽하면 성균관 유생들에게 매일 사륙문 50수를 채우는 숙제를 내주어 (정조 기준으로) 문체를 바르게 한 뒤에 과거 시험을 보도록 했다고 하지요. 유생이었던 이옥은 문체를 고치지 못했고 출셋길과 멀어졌습니다. 그 덕에 지금 우리가 그의 생동감 넘치는 비유를 만납니다. 이옥의 전집을 출간한 출판사에 경의를 표합니다.

알베르 카뮈 〈티파사에서의 결혼〉

(산문)

나는 옷을 모두 벗어 던진 뒤 아직 대지의 향유 내음을 풍기는 몸을 바다에 던져 땅의 정기를 바닷물로 씻어야 한다. 그토록 오래전부터 대지와 바다가 입술을 맞대고 열망한 포옹을 내 살갗 위에서 이뤄줘야 한다.
바다에 뛰어들자마자 나는 물의 충격을 느끼고, 차갑고 불투명한 접착제 같은 수중에서 솟아오른다. 이어서 다시 잠수하면 귀가 먹먹해지고 콧물이 흐르고 입 안은 짠맛으로 가득 찬다. 헤엄칠 때 바닷물 밖으로 삐져나와 반들거리는 두 팔이 금빛 햇살에 물들더니 온몸의 근육을 뒤틀면서 다시 수면을 친다. 물살은 내 몸을 훑으며 흐르고, 내 다리는 요동치면서 물결을 포획한다. 그리고 수평선이 사라진다. 해변에서 나는 모래밭에 털썩 드러누워 세계에 투항하고, 다시 햇빛 때문에 멍해진 채 살과 뼈의 무게를 느끼며 이따금 내 팔을 바라보니 물이 미끄러지면서 물기가 걷힌 살갗에서 금빛 솜털과 모래 가루가 드러난다.

《결혼》, 박해현 옮김, 휴머니스트, 2022, 16~17쪽

'햇빛이 뜨거워서 바다에 뛰어들어 수영했고 실컷 수영한 뒤에 모래밭에 드러누웠다. 기분이 좋았다'를 문학적으로 표현하면 이와 같습니다. 카뮈가 20대 초반에 고향인 알제리에서 썼습니다. 한 점, 한 점 찍듯이 세밀하지요. 남들은 주목하지 않는 상황이나 대상 등을 정확한 어휘를 선택해 세밀하게, 장황하게 설명하지 않고 간결하게 표현하면 의외의 신선함이 나타납니다. 이때 간결함을 돕는 도구가 '비유'입니다. 이 글에 등장하는 멍해질 만큼 뜨거운 햇빛은 16~17년 후 소설 《이방인》에서 그 유명한 살인의 계기가 됩니다. 이어지는 카뮈의 변화를 느껴보세요.

알베르 카뮈 《이방인》

소설

붉은 반사광의 기세는 여전했다. 바다는 헐떡거리며 전력을 다해 모래 위로 작은 파도들의 밭고도 숨막히는 호흡을 밀어냈다. 나는 천천히 바위 더미 쪽으로 걸었다. 태양 아래서 이마가 부풀어 오르는 듯한 느낌이 들었다. 열기 전체가 나를 짓누르며 내가 앞으로 나아가는 것을 막아섰다. 열기의 뜨겁고 거대한 입김이 얼굴 위로 느껴질 때마다 나는 이를 악물고 바지 주머니 속의 주먹을 꽉 쥔 채, 태양과 태양이 내게 쏟아붓는 이 뚫을 수 없는 취기를 이겨 내기 위해 온몸을 긴장했다. 모래밭에서, 새하얀 조가비나 깨진 유리 조각에서, 빛의 검이 솟구쳐 오를 때마다 내 턱은 부르르 경련했다. 나는 오랫동안 걷고 또 걸었다. 저만치, 빛과 바다의 먼지가 만들어 내는 눈부신 훈영에 에워싸인 작고 어슴푸레한 바위 더미가 보였다. 나는 그 바위 뒤에 흐르던 신선한 샘물을 떠올렸다. 졸졸 흐르는 그 샘물 소리를 다시 듣고 싶었다. 태양과 힘든 노력과 여자의 울음소리를 피하고 싶었다. 한마디로, 그늘과 그늘이 주는 휴식을 되찾고 싶었다.

김예령 옮김, 열린책들, 2011, 84~85쪽

DATE . .

이상 〈산촌여정〉

산문

청석 없은 지붕에 별빛이 내려쪼이면 한겨울에 장독 터지는 것 같은 소리가 납니다. 벌레 소리가 요란합니다. 가을이 이런 시간에 엽서 한 장에 적을 만큼씩만 오는 까닭입니다. 이런 때 참 무슨 재주로 광음을 헤아리겠습니까? 맥박 소리가 이 방 안을 방째 시계로 만들어버리고 장침과 단침의 나사못이 돌아가느라고 양쪽 눈이 번갈아 간질간질합니다. 코로 기계기름 내음새가 드나듭니다. 석유 등잔 밑에서 졸음이 오는 기분입니다.

(중략)

등잔 심지를 돋우고 불을 켠 다음 비망록에 철필로 군청빛 '모'를 심어 갑니다. 불행한 인구가 그 위에 하나하나 탄생합니다. 조밀한 인구가ㅡ.

비유가 많으면 표현이 인위적이고 과하다는 선입견은 잘못되었습니다. 많아서가 아니라 잘 못해서이지요. 위의 글은 '석유등잔 밑에서 졸음이 오는 기분'을 제외하고 모두 비유법을 써 글을 지었습니다. 전혀 억지스럽거나 과하지 않고 자연스럽게 흐름을 탑니다. 비결이 뭘까요. (답은 이번 장의 머리글에 있습니다.)

 '글을 짓는다'를 '철필로 군청빛 '모'를 심어 갑니다'라고 표현한 글귀를 처음 보았습니다. 글도 짓고, 농사도 짓습니다 같은 '짓다'라는 동사를 쓰지요. 그러니 농경 사회에서는 쉽게 둘을 짝지을 수 있었을 것입니다. 표현은 당대의 사회나 문화의 영향을 크게 받습니다. 리터러시가 되기도 하지요. 글쓰기라는 무형의 작업을 모심기라는 유형에 비유하고 다시 '조밀한 인구'라는 무형이 등장합니다. 관성적으로 무형에 비유하곤 하는 것을 유형에 비유하기. 반대로 유형에 비유하곤 하는 것을 무형에 비유하기. 그 둘을 자유자재로 오가기. 새로운 표현을 꾀하는 발상으로 삼아도 좋겠습니다.

문덕수 〈꽃과 언어〉

언어는
꽃잎에 닿자 한 마리 나비가
된다.

언어는
소리와 뜻이 찢긴 깃발처럼
펄럭이다가
쓰러진다.

꽃의 둘레에서
밀물처럼 밀려오는 언어가
불꽃처럼 타다간
꺼져도,

어떤 언어는
꽃잎을 스치자 한 마리 꿀벌이
된다.

《라일락 향기》, 시인생각, 2013

꽃의 본질을 표현하려 했는데 나비가 되고, 언어는 쓰러져버렸습니다. 어떤 언어는 꿀벌이 되었다네요. '꽃'이라고 할 때 사람들마다 떠올리는 이미지가 과연 하나일 수 있을까요. 그러기는 불가능합니다. 표현하는 이들은 매 순간 이러한 언어의 한계에 부딪칩니다. 그러나 슬퍼하지 않고, 나비가 되고 꿀벌이 될 수 있음을 수용하고 농밀하게 계산하지요.

김이듬 〈달에서 더 멀리〉 중에서

벌꿀은 별로 흐르고 싶어 하지 않는다

둥근 덩어리로 뭉쳐져
유연하게 흘러내리지 않는다

왈칵 쏟아진다
줄곧 함구하고 있던 사람의 말처럼
용케 참고 있던 눈물처럼

엉겨 떨어지지 않던 수만 가지 기분은
꿀처럼 점성력을 가지고 있다

바닥에 황금빛으로 번지는 꿀을 수습하지 못하고 있다

《누구나 밤엔 명작을 쓰잖아요》, 타이피스트, 2024

DATE   .   .

☀ 말이 유연하게 흐르지 못하고 왈칵 쏟아질 수밖에 없었던 그때의 심정을 떠올려보세요.

박창학 〈소심한 물고기들〉

참 할 말이 많은데 어디서부터 시작을 해야 하나. 말, 그건 물고기들.
내 머릿속을 떠나서는 살 수 없는, 혀끝을 맴도는 그 말들은
소리가 되지 못하고, 다시 돌아가 버렸네. 다시 헤엄치고 있네.
천천히 아주 천천히. 캄캄한 내 머릿속에 바다를.
말, 그건 물고기들. 내 머릿속을 떠나서는 살 수 없는 혀끝을 맴도는 그 말들은
소리가 되지 못하고, 다시 돌아가 버렸네. 다시 헤엄치고 있네.
천천히 아주 천천히. 캄캄한 내 머릿속에 바다를
미끄러지듯 소리도 없이. 미끄러지듯 소리도 없이.

윤상 작곡·노래

DATE   .   .

늘 머릿속에 있으나 소리가 되지 못하는 말들, 언제부터인가 '답답하다'를 넘고 '속상하다'를 넘어 '체념'과 '희망' 사이를 오가는 말, 당신에게도 있지요. 그 말이 무엇인지 윤상의 노래로 들으면서 채굴해봅시다.

루이스 캐럴 《거울나라의 앨리스》 [소설]

"키티, 눈이 창틀에 부딪히는 소리가 들리니? 참 듣기 좋은 소리야!
마치 누가 밖에서 창문 여기저기에 입을 맞추는 것 같아.
눈이 나무와 들판을 사랑해서, 그렇게 부드럽게 입을 맞추는 게 아닐까?
그런 다음 새하얀 누비이불처럼 포근하게 덮어주는 거야.
어쩌면 '잘 자라, 애들아. 여름이 다시 올 때까지.' 이렇게 말을 하는지도
모르지. 키티, 그러다 여름이 오면 나무와 들판은 온통 초록빛으로 물들고
바람이 불 때마다 춤을 추는 거야. 아아, 그럼 얼마나 예쁠까!"

최인자 옮김, 현대문학, 2011, 17쪽

- '겨울을 견디는 법'이라고 하고 싶습니다. 가장 잘 견디는 법은 잘 즐기는 것입니다. 우리에게는 대체로 괴로움은 글로 표현하면서 즐거움은 글로 표현하지 않는 경향이 있습니다. 즐거움을 글로 표현하면 겨울을 견디는 방법이 될 수 있습니다.

박지원 〈열녀 박씨의 죽음〉

소설

풍문이란 글자 그대로 바람처럼 떠도는 소문이다.
바람이라는 것은 소리는 들을 수 있어도 모양이 없으므로
눈으로 볼 수도 없고 손으로 만져 볼 수도 없는 것이다.
바람은 공중에서 일어나 만물을 흔든다.
마찬가지로 풍문도 아무 근거 없이 일어나서
사람을 흔들어 움직이게 한다.

《황소에게 보내는 격문 외》, 현암사, 2001, 113쪽

어떤 '어휘'에는 선인들이 체득한 삶의 철학과 표현의 묘미가 담겨 있습니다. 그저 소문이라고 해도 뜻이 통하지만 '풍문風聞'은 소문의 특성을 더해 표현합니다. 연암은 '풍문'이라는 어휘에 담긴 소문의 특성을 포착합니다. 그러나 소문과 바람의 공통된 특성만 나열하는 것으로는 글을 완결할 수 없지요. 연암은 성찰에서 비롯된 '아무 근거 없이 일어나서 사람을 흔들어 움직이게 한다'라는 알파 문장으로 소문의 진면목을 설파합니다. 동시에 당대에 당연시 여겼던 '아니 땐 굴뚝에 연기나랴'라는 고정관념을 통렬히 배격합니다.

베르길리우스 《아이네이스》

소문은 세상의 악 가운데 가장 빠르다.
그녀는 움직임으로써 강해지고 나아감으로써 힘을 얻는다.
그녀는 처음에는 겁이 많아 왜소하지만 금세 하늘을 찌르고,
발로는 땅 위를 걸어도 머리는 구름에 가려져 있다.
(중략) 그녀는 발이 빠르고 날개가 날랜
무시무시하고 거대한 괴물로 몸에 난 깃털만큼 많은
(들어도 믿어지지 않겠지만) 잠들지 않는 눈과 혀와 소리 나는 입과
쫑긋 선 귀를 그 깃털 밑에 갖고 있다.
밤마다 그녀는 어둠을 뚫고 하늘과 대지 사이를 윙윙거리며 날아다니고,
한시도 눈을 감고 단잠을 자는 일이 없다.
또한 낮에는 지붕 꼭대기나 높은 성탑들 위에 앉아 망을 보며
대도시들을 놀라게 한다. 그녀는 사실을 전하는 것 못지않게
조작된 것들과 왜곡된 것들에 매달리기 때문이다.
바야흐로 그녀는 신이 나서 여러 백성들 사이에 온갖 이야기를
퍼뜨리며 사실과 허구를 똑같이 노래해댔으니,

천병희 옮김, 숲, 2007, 125쪽

로마신화에 등장하는 소문의 여신 '파마Fama'를 (사람이라기보다 괴물에 가깝지만) 의인화했습니다. 파마는 소문의 신인 동시에 명성의 신입니다. 많은 이들이 목말라 하는 명성도 소문이 나야 가능하지요. 이 글은 그 명성 또한 조작이나 허구로 부풀려졌을 가능성을 시사합니다. 또한 소문이 빠르게 퍼질 수밖에 없는 속성을 파마의 외형과 행태를 들어 실감나게 설명합니다. 형상이 없는 것을 형상으로 만들기야말로 표현의 진면목이지요. 소문은 없는 것을 있는 것처럼 만들고, 표현은 존재하지만 알지 못하는 것을 알게 합니다.

윌리엄 셰익스피어 〈십이야〉

희곡

아, 시간이여,
이 엉킨 매듭을 풀어줘야겠어.
내가 아니라 바로 네가 말이야.
내 힘으로는 엉킨 매듭을 푸는 것이 너무 어렵구나.

DATE   .   .

🌟 이 짧은 글에 은유와 도치, 의인화라는 표현법에 시간에 관한 철학까지 모두 들어 있습니다. '당장 내 힘으로 할 수 있는 것이 없어서 시간이 빨리 흐르기를 바랄 때'라고만 쓴 글을 읽을 때와 이 넉 줄을 읽을 때 당신의 가슴이 어떻게 다르게 반응하는지 느껴보세요.

폴 오스터 《기록실로의 여행》

소설

그 이야기를 듣고 나서 그의 어머니가 해준 말은 이런 것이었다. 걱정할 것 없어. 바닷가에는 다른 조약돌들이 얼마든지 있으니까. (중략)
하지만 어머니가 자기에게 말하려고 하는 것을 이해했다손 치더라도 어머니 말에 동의를 하지는 않았다. 왜냐하면 열정은 언제나 한 가지만을 제외하고 다른 모든 것에 무관심하게 마련이어서 미스터 블랭크에게 있어 바닷가에서 셀 가치가 있는 조약돌은 오로지 하나뿐, 만일 그 하나를 가질 수 없다면 다른 어떤 것에도 관심이 없었기 때문이다. 그 모든 것은 시간이 지나면서 물론 바뀌었고, 그 뒤로 여러 해가 지나는 동안 그는 어머니가 했던 말에 담긴 지혜를 알게 되었다.

황보석 옮김, 열린책들, 2007, 104~105쪽

시간의 힘은 망각에만 있지 않습니다. '다른' 무엇을 가져오는 힘이 훨씬 크지요. 그 무엇은 기회일 수도, 해결책일 수도 있겠습니다. 젊은 시절에는 믿기 힘든 (사실은 믿기 싫은) 그 '다른'을 인정하기까지 꽤 여러 해가 걸립니다. '오로지 하나'에서 '다른 어떤 것'으로의 이동, 당신을 성장시킨 시간의 힘입니다.

윌리엄 해즐릿 〈왜 먼 것이 좋아 보이는가〉

시간은 고통의 침을 뽑아준다. 슬픔을 생각과 격정의 보존액에 계속 담금질하면 그 본질이 변형된다. 원래 가졌던 인상은 우리가 소망을 투영했다는 흔적만을 남긴다. 오르지 않은 가파른 오르막길과 황량하고 흉물스러운 경험의 산들은 다시금 우리 눈에 기만의 꺼풀을 씌운다. 산꼭대기에는 금빛 구름이 내려앉고 중턱은 상상의 자줏빛에 감싸이는 것이다! 우리는 이 과정을 되풀이하며 살아간다.

《왜 먼 것이 좋아 보이는가》, 공진호 옮김, 아티초크, 2025, 57~58쪽

셰익스피어와 폴 오스터의 글귀가 시간에게서 긍정적인 힘을 끌어냈다면 해즐릿의 문장은 부정적인 힘을 끌어냅니다. 부정적인 힘이라고 해서 나쁘지만 않습니다. 때로는 그 힘으로 고비를 넘기도 하니까요. 단, 그 실체가 '기만'이라는 사실은 잊지 말아야겠지요.

안미옥 〈트리거〉 중에서

여름을 건너가면서 싸이렌을 들고 뛰어가는 사람
깨진 그림자 조각을 밟으며 소리치고 있다
어떤 일들은 영원히 사라지는 법 없이
공기 속을 떠다닌다
호흡의 끝에 매달려 여기에서 저기로
대대로 이어져오는 악행과 같이
손목을 붙잡고 놓아주지 않는다
나는 문 옆에 서서 스위치를 꺼버리곤 했다
어둠 안에서 평안을……
노래하듯 말하고 말하듯 노래하면서
감출 수 없는 마음들을 감추고 싶다고 생각하면서
작물 옆에 기어코 자라고야 마는 잡풀처럼
구름이 커지는 것을 본다
보이지 않는 것은 사라질 수 없다는 것
가끔씩 영혼이 얼굴 위로 지나갔다

- 트리거: ❶ (총의) 방아쇠.
  ❷ (반응·사건을 유발한) 계기.

《온》, 창비, 2017

시간이 흘러도 무의식에 깊게 패인 엄연한 '사실'은 끈질기게 잊히지 않습니다. 트리거가 되어 끝내 반응하게 만들고 사건을 일으킵니다. 당신에게도 트리거가 있나요? 아직 시간에게서 아무런 힘을 얻은 적 없다면, 더 살아봅시다. 비록 트리거가 사라지지 않더라도 그것을 당기지 않을 수 있는 힘을 키워 버틸 수 있다면 그것이 삶이 당신에게 주는 의미입니다.

이광호 〈당신, 냄새의 세계〉

산문

연인의 냄새에 대해 이름 붙일 수 없는 것은, 그것이 세상의 언어들로는 형언할 수 없는 고유성을 갖기 때문이다. 사라진 혹은 사라질 시간들의 이름. 냄새만큼 그 사람의 현존을 육체적 실감으로 만나게 하는 것은 없지만, 한 사람의 냄새는 소유할 수도 보존될 수도 없다. 냄새는 언제나 침묵하지만, 냄새의 기억은 가끔 유령처럼 나타나 시간을 역행하여 무한으로 스며든다. 사랑이 있었다는 것은, 그 냄새에 반응했던 어떤 몸의 시간이 있었다는 것이다.

《사랑의 미래》, 문학과지성사, 2011, 155쪽

사랑을 '냄새에 반응했던 몸의 시간'에 갖다 붙인 것은 있는 그대로의 사실인 동시에 상징입니다. 어떤 냄새를 맡고 누군가가 떠오른다거나 잊고 지낸 어떤 장면이 홀연히 떠오르고 잇따라 감정이 동요한 경험이 있을 거예요. 독일의 한 연구 결과에 따르면 후각의 지각 과정이 뇌의 기억 센터인 해마에 영향을 미친다고 합니다. 해마는 기억뿐 아니라 감정도 관장하는 기관이지요. 무엇보다 과거에 경험한 냄새는 기억에만 있을 뿐, 사라지고 난 뒤에는 재현할 수도 표현할 수도 없습니다. 눈이야 감으면 되고, 귀야 막으면 되고 생사에 지장을 주지 않지만 코는…… 무방비로 노출된 채 도무지 방법이 없습니다.

루시 모드 몽고메리 《에이번리의 앤》　　소설

언젠가 앤은 마릴라에게 말했다.
"가장 즐거운 날은 굉장하거나 근사하거나 신나는 일이 생기는 날이 아니라 목걸이를 만들 듯 소박하고 작은 즐거움들이 하나하나 조용히 이어지는 날이라고 생각해요."
초록 지붕 집에는 행복한 날들이 이어지고 있었다. 앤의 모험과 불행한 사건들도 다른 사람들과 마찬가지로 한꺼번에 일어나는 게 아니라 일과 꿈, 웃음, 배움으로 가득한 조용하고 즐거운 나날들 가운데 흩어져 나타났다.

정지현 옮김, 인디고, 2014, 277쪽

'불행은 손을 잡고 온다'라는 말이 있습니다. 불행한 일들은 한꺼번에 일어나기 쉽다는 뜻이지요. 몽고메리는 '행복한 날들이 이어진다면 불행이 흩어져 나타난다'고 말합니다. 그러기만 해도 불행을 견딜 만하겠지요. 그렇다면 어떻게 해야 행복할 수 있을까요. 우선 행복해야 한다는 명제부터 내려놓아야 할 것 같습니다. 소박하고 작은 즐거움들이 하나하나 조용히 이어지면 그것으로 충분하지요.

085

서은국 〈행복은 아이스크림이다〉   산문

큰 기쁨이 아니라 여러 번의 기쁨이 중요하다. 객관적인 삶의 조건들은 성취하는 순간 기쁨이 있어도, 그 후 소소한 즐거움을 지속적으로 얻을 수 없다는 치명적인 한계가 있다.
결국 행복은 아이스크림과 비슷하다는 과학적 결론이 나온다. 아이스크림은 입을 잠시 즐겁게 하지만 반드시 녹는다. 내 손 안의 아이스크림만큼은 녹지 않을 것이라는 환상, 행복해지기 위해 인생의 거창한 것들을 좇는 이유다.
하지만 행복 공화국에는 냉장고라는 것이 없다. 남는 옵션은 하나다. 모든 것은 녹는다는 사실을 받아들이고, 자주 여러 번 아이스크림을 맛보는 것이다. 그렇다면 이 아이스크림은 어떤 맛일까?

《행복의 기원》, 21세기북스, 2014, 125쪽

올가 토카르추크의 《다정한 서술자》에는 '유리벽을 사이에 두고 그 너머의 아이스크림을 핥는 것과 흡사하다'라는 표현이 있습니다. 말만 들어도 애가 탑니다. 유리벽 너머에 있는 아이스크림을 핥는 것은 누가 봐도 어리석지요. 무엇이든 오래 보관할 수 없어요. 그러니 재미있고, 유쾌하고, 즐겁고, 기쁜 일을 자주 벌이기. 조금 더 힘을 낼 수 있다면 성취감과 만족감, 자부심을 느낄 수 있는 일에 도전하기. 기준은? 최소한 유리벽 너머에 있는 아이스크림 핥기는 아닐 것.

앙투안 드 생텍쥐페리 《야간 비행》 　소설

전등 불빛 아래, 식탁에 팔꿈치를 괴고 앉은 농부들은 자신이 무엇을 바라는지 모른다. 농부들은 그들을 가둔 거대한 어둠을 뚫고 자신들의 욕망을 아주 멀리까지 보내고 있음을 모른다. 그러나 파비앵은 이제 막 천 킬로미터를 날아와서, 높은 파고가 살아 숨쉬는 비행기를 들어올렸다 내렸다 하는 것을 느낄 때마다, 전쟁터 같은 뇌우를 열 개쯤 통과하고 그 사이사이 달빛 받은 공터를 지날 때마다, 그리고 이 빛들을 하나하나 정복하는 기분으로 지나갈 때마다 그들의 욕망을 알아본다. 농부들은 자신들의 불빛이 소박한 식탁을 밝히기 위해 빛난다고 생각하지만, 그들로부터 팔십 킬로미터 떨어진 곳에 있는 사람은 그 불빛 신호에 감동을 느낀다.

용경식 옮김, 문학동네, 2018, 20쪽

무엇을 바라는지, 존재 자체가 얼마나 의미 있는지 몰라도 상관없습니다. 나와 내가 속한 공동체가 오늘 하루 무사한 것만으로 감동적인 날이 있습니다. 고요함, 평화로움, 안전함, 평온함……. 이 낱말들의 고귀함을 실감하는 저녁이 있습니다.

호모 엑스핑고로서 표현하기 7

당신이 보고 싶은 대상, 느끼고 싶은 감정, 이루고 싶은 소망 등을 직유나 은유 등의 비유법을 써서 표현해보세요.

❷ 빗대기

전달하려는 무형의 가치와 개념 등을
무엇에, 어떻게 빗대어 표현함으로써
의미를 확산시키는지 체험해보세요.
(비유법으로는 '풍유'와 '활유'라고 합니다)
저마다의 주제로 다섯 개 묶음을 만들었습니다.
삶을 대하는 자세,
진정한 내공,
마음(영혼)을 안다는 것,
그리움,
생계,
인생, 입니다.

단테 알리기에리 《신곡_천국편》

우리는 이제 미리 정해진 곳으로 가듯
화살을 쏘는 시위의 힘에 실려
행복한 과녁을 향해 날아오른다

제1곡 천국의 서 124~126행

DATE . .

허균 〈낙화落花〉

떨어진 꽃잎, 바람 따라 저마다 날아가서
하나는 주렴 위로 또 하나는 웅덩이로
그 뉘가 알랴, 영화와 욕됨이 모두가 천분임을
바람이 마음 써서 그리된 것 아니라네

《교산 허균 시선》, 허경진 옮김, 평민사, 2013

○ 모든 화살이 과녁을 향해 힘차게 날아오르지만 저마다 다른 궤적을 그릴 뿐 아니라 어떤 것은 과녁을 맞히고 어떤 것은 그러지 못합니다. 무엇이 이렇게 만들까요.

이에 대한 답으로 허균의 시는 '네 팔자니까 환경이나 남 탓하지 말라'는 직언보다 얼마나 멋스러운가요. 직설적인 표현이 자칫 튕겨질 수 있다면 빗대는 표현은 스며들 수 있습니다. 이 시대에 많이 잊힌, 돌려 말하기의 장점이지요. 단, 돌려 말하기와 우물쭈물하기는 엄연히 다르답니다.

에픽테토스
〈매사에 자신의 차례가 오기를 기다리십시오〉

우리의 삶이 연회에 참석한 것과 같다고 생각하십시오. 그대 앞에 막 음식이 놓였다고 합시다. 점잖게 손을 뻗어 적당한 양만을 덜어야 하겠지요. 음식이 그대 앞에 놓이지 않은 채 그대로 지나가더라도 그것을 집으려고 안달하지 말고, 아직 그대에게 차례가 오지 않았다고 생각하십시오. 오지 않은 음식을 향해 욕심을 내지 말고, 음식이 그대 앞에 놓일 때까지 기다리십시오.

가족, 권력과 일, 돈에 대해서도 이와 같은 태도를 보여야 합니다. 그러다 보면 언젠가는 신께서 베푼 잔치에서도 귀한 손님이 될 수 있을 것입니다.

《에픽테토스의 자유와 행복에 이르는 삶의 기술》, 아리아노스 엮음, 강분석 옮김, 사람과책, 2008, 37쪽

DATE . .

스탕달 《적과 흑》

소설

어느 사냥꾼이 숲속에서 총을 쏜다. 사냥감이 총에 맞아 떨어진다. 그는 잡으려고 달려간다. 그의 신발이 2피트 높이의 개미집에 부딪혀 개미집을 부순다. 개미들과 개미 알들이 멀리 흩어진다……그 개미들 사이에 있는 가장 지혜로운 개미라 해도 그 거대하고 무시무시한 검은 물체를 이해하지는 못할 것이다. 사냥꾼의 장화는 믿을 수 없는 빠른 속도로 별안간 그들의 집을 뚫고 들어온 것이다. 불그스레한 불길을 동반한 무서운 소리에 뒤이어서 말이다……

……죽음, 삶, 영원 같은 것은 그것들을 이해할 만큼 큰 기관을 가진 인간에게는 아주 간단한 현상이다……

하루살이는 한여름 아침 아홉시에 태어나 저녁 다섯시면 죽는다. 그러니 그것이 어떻게 '밤'이라는 말을 이해하겠는가?

하루살이에게 다섯 시간의 생명을 더 주어보라. 그러면 밤이 어떤 것인지 보고 이해할 것이다.

이규식 옮김, 문학동네, 2009, 2권 441쪽

DATE   .   .

☀ 당신이 '밤'이라는 말을 처음 이해했을 때를 떠올려보세요. 처음으로 밤이 좋아졌을 때도요. 그래서 훌쩍 어른이 되어 몰랐던 무언가를 알아버린 것 같았던 기분도요.

091

장자 〈소요유消遙游〉

산문

바람 쌓인 것이 두텁지 않으면 큰 날개를 띄울 만한 힘이 없다.
그러므로 9만 리나 올라가야 날개 밑에 [충분한] 바람이 쌓인다.
그런 뒤에 비로소 붕은 바람을 타고 푸른 하늘을 등에 진 채,
아무런 장애도 없이 바야흐로 남쪽을 향하게 된다.
매미와 비둘기가 그를 비웃으며 말한다. 「우리는 힘껏 날아 올라야
느릅나무나 다목나무 [가지] 에 머무르지만 때로 거기에도 이르지 못해서
땅바닥에 동댕이쳐진다. [그런데] 어째서 9만리나 올라가 남쪽으로
가려고 하는가. [터무니 없는 공연한 짓이다.]」(중략)
이 조그만 날짐승들이 또한 어떻게 대붕大鵬의 비상飛翔을 알랴.
작은 지혜는 큰 지혜에 미치지 못하고, 짧은 수명은 긴 수명에 미치지 못한다.
어떻게 그렇다는 것을 아는가. 조균朝菌은 밤과 새벽을 모르고 씽씽매미는
봄과 가을을 모른다. 이것이 짧은 수명이다. 초나라 남쪽에 명령冥靈이라는
나무가 있다. 5백 년 동안은 [잎 피고 자라는] 봄이고 또 5백 년 동안은
[잎 지는] 가을이다. 아득한 옛날 대춘大椿이란 나무가 있었다.
8천 년 동안은 봄이고 다시 8천 년 동안은 가을이었다.
그런데 지금 [불과 7백 년 산] 팽조彭祖는 장수한 사람으로 아주 유명하여
세상 사람들이 이에 견주려 한다. 이 어찌 슬픈 일이 아니겠는가.

《장자》, 안동림 옮김, 현암사, 2010, 29~31쪽

- 소요유: 구속이 없는 절대의 자유로운 경지에서 노닐다.
- 대붕: 하루에 9만리를 날아간다는, 매우 큰 상상의 새. 곤이라는 물고기가 변해서 되었다.
- 1리는 대략 0.4km, 9만 리는 약 3만 5천km이다.
- 조균: 아침에 생겼다가 저녁에 스러지는 버섯. 덧없이 짧은 목숨을 비유적으로 이른다.

예나 지금이나 매미와 비둘기는 너무 쉽게 붕을 비웃습니다. 힘껏 날아 올라야 그저 나뭇가지일 정도인 이들은 붕이 하는 일이 보편적 상식에서 벗어난다 믿습니다. 어리석음이란 '내가 아는 것이 기준'이라고 믿는 데서 시작됩니다.

최진석 〈마음의 두께를 쌓아가는 사람〉

작던 물고기가 거대한 공간에서 엄청나게 두꺼운 내공을 쌓았습니다. 그럼 어떻게 되나요? 어느 날 삼천 리나 되는 높이의 파도가 치는 계기를 만나 그걸 타고 튀어 오릅니다. 구만 리를 튀어 올라서 대붕이 됩니다. 쌓고, 쌓고, 또 쌓으면 그것으로만 멈추는 게 아니라 전혀 새로운 세계가 열리고 다른 존재가 됩니다. 물고기가 새로 바뀌고, 곤이 붕으로 바뀝니다. 양적인 두께를 쌓고, 쌓고, 또 쌓으면 존재적 차원의 질적 전화轉化가 일어납니다. 다른 존재가 됩니다. 물속에 살던 존재가 하늘을 나는 존재가 됩니다. 언어를 사용하던 존재가 언어를 지배하는 존재가 됩니다.

《삶의 실력, 장자》, 위즈덤하우스, 2025, 226~227쪽

DATE   .   .

앞에서 당신이 '필사한' 글과 함께 읽어보세요.

박지원 〈능양시집서菱洋詩集序〉

산문

본 것이 적은 자는 해오라기를 기준으로 까마귀를 비웃고 오리를 기준으로 학을 위태롭다고 여기니, 그 사물 자체는 본디 괴이할 것이 없는데 자기 혼자 화를 내고, 한 가지 일이라도 자기 생각과 같지 않으면 만물을 모함하려 든다. 아, 저 까마귀를 보라. 그 깃털보다 더 검은 것이 없건만, 홀연 유금乳金빛이 번지기도 하고 다시 석록石綠빛을 반짝이기도 하며, 해가 비추면 자줏빛이 튀어 올라 눈이 어른거리다가 비췻빛으로 바뀐다. 그렇다면 내가 그 새를 '푸른 까마귀'라 불러도 될 것이고, '붉은 까마귀'라 불러도 될 것이다. 그 새에게는 본래 일정한 빛깔이 없거늘, 내가 눈으로써 먼저 그 빛깔을 정한 것이다. 어찌 단지 눈으로만 정했으리오. 보지 않고서 먼저 그 마음으로 정한 것이다.
아, 까마귀를 검은색으로 고정 짓는 것만으로도 충분하거늘, 또다시 까마귀로서 천하의 모든 색을 고정 지으려 하는구나. 까마귀가 과연 검기는 하지만, 누가 다시 이른바 푸른빛과 붉은빛이 그 검은 빛깔色 안에 들어 있는 빛光인 줄 알겠는가. 검은 것을 일러 '어둡다'하는 것은 비단 까마귀만 알지 못하는 것이 아니라 검은 빛깔이 무엇인지조차도 모르는 것이다. 왜냐하면 물은 검기 때문에 능히 비출 수가 있고, 옻칠은 검기 때문에 능히 거울이 될 수 있기 때문이다. 그러므로 빛깔이 있는 것치고 빛이 있지 않은 것이 없고, 형체形가 있는 것치고 맵시態가 있지 않은 것이 없다.

《연암집 하》, 신호열·김명호 옮김, 돌베게, 2007, 61~62쪽

- 능양시집서: 박지원의 조카인 능양 박종선의 시집 서문.

'보는 법'을 빗대어 알리고 있습니다. 보는 법은 곧 생각하는 법입니다.
우리는 생각하는 대로 봅니다. 그리고 본 대로 표현합니다.

은희경 〈아내의 상자〉

소설

나는 아내가 그 연필로 무엇을 쓰는 것은 본 적이 없었다. 하지만 연필은 키가 아주 작아져 있었다. 아내의 상자들도 단정했다. 큰 것은 큰 것끼리 작은 것은 작은 것끼리 네 귀퉁이를 맞추고 쌓여 있었다. 다른 날과 다른 거라고는 아내답지 않게 상자 위에 먼지가 조금 있다는 점 정도였다. 부엌이나 욕실, 안방, 내 책상이 있는 방, 그 어디에도 눈에 거슬리는 특별한 것은 없었다. 그러니까 이 집 안에 아내라는 여자의 내면을 알 만한 것은 전혀 없는 것이었다. 이 집 안은 그녀가 아닌 어떤 여자가 들어와 당장 살기 시작해도 이상한 점이 조금도 없을 만큼 표준적이었다.
안주인의 냄새가 없었다. 아내와 나는 살을 맞대고 오 년을 함께 살아왔다. 그런데 아내가 사라졌는데도 그녀가 간 방향을 찾아 한 발도 내디딜 수 없다면 우리가 함께한 것은 무엇이란 말인가. 대체 나는 무엇을 근거로 아내에 대해 모르는 것이 없다고 생각해왔던 걸까.

《아내의 상자 외: 1998년도 제22회 이상문학상 수상작품집》, 문학사상사, 1998, 49쪽

상자는 열어보지 않으면 안에 무엇이 들어 있는지 알 수 없지요. 상대의 마음을 열어본 적 없으면서 모르는 것이 없다고 착각합니다. 물리적 거리가 가깝다는 이유 하나로.

오노레 드 발자크 《골짜기의 백합》 〔소설〕

오직 나만이 그녀의 영혼의 전역을 돌아다녔다.
그녀의 어머니도, 아버지도, 남편도, 자녀들도 그녀를 완전히 알지 못했다.
이상한 일이다! 나는 잿더미를 뒤지고 당신 앞에서 실컷 펼쳐놓고 있는데,
우리들 각자는 그 속에서 자신의 가장 소중한 기억의 일부를 찾아낼 수
있을 것이다. 얼마나 많은 가정에 앙리에트와 같은 존재가 숨어 있겠는가!
얼마나 많은 고귀한 존재들이 그들의 마음속을 헤아리고,
그 깊이와 넓이를 가늠해 본 총명한 역사가를 만나지 못한 채
이 세상을 떠나는가! 이것이 인간 세상의 온전한 진실이다.

정예영 옮김, 을유문화사, 2008, 378쪽

영혼은 부속물이 아니라 전역(어느 지역의 전체)입니다. 그곳을 구석구석 헤아리고 그 깊이와 넓이를 가늠해주는 총명한 역사가를 만나고 싶어서 책을 읽습니다.

김소월 〈먼 후일〉

먼 후일 당신이 찾으시면
그때에 내 말이 '잊었노라'

당신이 속으로 나무라면
'무척 그리다가 잊었노라'

그래도 당신이 나무라면
'믿기지 않아서 잊었노라'

오늘도 어제도 아니 잊고
먼 훗날 그때에 '잊었노라'

DATE　　　．　　．

- 곱씹어 읽을수록 절절함이 배가됩니다. 점점 커지는 파도처럼요. 빗대기 표현의 숨은 강점이기도 하지요. 빗대기로 표현하는 생각이나 감정 중에 '사랑'을 앞지르는 게 있을까요.

모니카 마론 《슬픈 짐승》 〔소설〕

사랑이 해방되어 우리들 자신인 감옥을 부수고 나오는 데 성공하는 일은 가끔씩 일어난다. 사랑이 감옥을 부수고 나온 종신형 죄수라고 상상해보면, 얼마 안 되는 자유의 순간들에 사랑이 왜 그렇게 미쳐 날뛰는 것인지, 왜 그렇게 무자비하게 우리를 괴롭히고 온갖 약속 안으로 우리를 밀어 넣었다가 곧바로 온갖 불행 안으로 몰아넣는 것인지를 가장 빠르게 이해할 수 있다. 마치 우리가 사랑을 내버려두기만 하면 사랑이 무엇을 줄 수 있을지를 우리에게 보여주려는 것처럼, 사랑이 지배하도록 내버려두지 않기 때문에 우리가 어떤 벌을 받아 마땅한지를 보여주려는 것처럼 말이다. 프란츠를 만나기 오래전부터 내 사랑이 해방을 준비하고 있었던 것 같다. 내가 그 한 가지 문제를 제기하고 그 문제에 대해 하나의 대답을 한 이후로, 사람이 인생에서 놓쳐서 아쉬운 것은 오직 사랑뿐이라는 사실을 알게 된 이후로 내 사랑은 탈출로를 파고 있었음에 틀림없다. 프란츠를 처음 만났을 때 내 사랑은 자유를 얻었다.

김미선 옮김, 문학동네, 2010, 25쪽

○ 사랑과 관련한 빗대기 표현 중 절정이 아닐까 싶습니다. 사람이 아니라 사랑이 주인공입니다.

최인호 〈밤눈〉

한밤중에 눈이 내리네 소리도 없이
가만히 눈 감고 귀 기울이면
까마득히 먼데서 눈 맞는 소리
흰 벌판 언덕에 눈 쌓이는 소리
당신은 못 듣는가 저 흐느낌 소리
흰 벌판 언덕에 내 우는 소리
잠만 들면 나는 거기엘 가네
눈송이 어지러운 거기엘 가네
눈발을 흩이고 옛 얘길 꺼내
아직 얼지 않았거든 들고 오리다
아니면 다시는 오지도 않지
한 밤중에 눈이 나리네 소리도 없이
눈 내리는 밤이 이어질수록
한 발짝 두 발짝 멀리도 왔네.

송창식 작곡 · 노래

이 노랫말로 송창식이 부르는 노래를 들으면서 떠오르는 사람, 공간, 시절이 있다면 마음껏 그리워하세요. 혹시 그리움조차 아까워하며 살고 있지 않나요.

버지니아 울프 《자기만의 방》

산문

런던은 공장 같았습니다. 런던은 기계 같았습니다. 이 단순한 바탕에서 모두 앞뒤로 움직이며 문양을 엮어 갔지요. 대영 박물관도 그 공장의 한 부서였습니다. 회전문이 열렸고, 거대한 돔 지붕 아래 한 사람이 서 있었습니다. 나 자신이 마치 일단의 유명한 이름들이 화려하게 둘러싸인 큰 대머리에 담긴 한 가지 생각처럼 느껴지더군요.

공경희 옮김, 열린책들, 2022, 40~41쪽

DATE   .   .

☀ 도시인들의 풍경이기도, 매일 하는 일이기도 합니다.

라이너 마리아 릴케 《말테의 수기》

소설

사람들도 많지만, 얼굴들은 더 많다. 누구나 여러 개의 얼굴을 가지고 있기 때문이다. 한 얼굴을 몇 년씩이나 쓰고 다니는 사람들도 있다. 물론 그 얼굴은 써서 닳고, 더러워지고, 주름이 잡히고, 여행 중에 끼고 다닌 장갑처럼 늘어나기도 한다. 그들은 검소하고 단순한 사람들이다. 그들은 얼굴을 바꿀 줄도 모르고, 씻을 줄도 모른다. 그들은 자기들이 지닌 얼굴이 충분히 좋다고 생각한다. 누가 그들에게 그렇지 않다고 반증해 보일 수 있을까? 이제 생기는 당연한 의문은 그들도 여러 개의 얼굴을 가지고 있으니, 다른 얼굴은 무엇에다 쓸까 하는 것이다. 다른 얼굴들은 잘 보관해 둔다. 자식들이 그것들을 쓰게 될 테니까. 그렇지만 그 사람들의 개들이 그것을 쓰고 나가는 일도 생긴다. 그러지 말란 법이 있는가? 얼굴은 얼굴일 뿐인데.
또 어떤 사람들은 무척 빠르게 얼굴을 차례차례 바꿔 쓰면서, 그것들이 다 닳아 없어지게 한다. 처음엔 그 얼굴들을 영원히 지닐 거라 생각하지만, 마흔 살도 되기 전에 벌써 마지막 얼굴이다. 거기에도 물론 나름의 비극이 있다. 그들은 얼굴을 아끼는 데에 익숙하지 않다. 그들의 마지막 얼굴은 일주일 만에 다 닳아 구멍이 생기고, 여러 군데가 종잇장처럼 얇아진다. 그래서 점점 얼굴도 아닌 바탕이 드러나게 되는데, 그들은 그것을 쓰고 돌아다니는 것이다.

안문영 옮김, 열린책들, 2013, 10~11쪽

흔히 '가면을 쓴다'라고 하는 표현을 릴케는 '여러 가지의 얼굴을 지니고 있다'고 했으며 시비의 대상으로 삼지 않았습니다. 그 얼굴들을 어떻게 간수하느냐가 곧 삶이겠지요. 계속 가질 수 있을 것 같지만 (어떤 의미로든) 소중하게 다루지 않으면 곧 바닥이 드러납니다.

미셸 투르니에 〈인생 그림자〉

산문

그림자, 삶의 길은 동쪽에서 서쪽으로 간다. 어린아이는 눈 뜨는 해를 등지고 걷는다. 몸집이 작은데도 큼직한 그림자가 앞서가고 있다. 그것이 그의 미래인데, 입을 딱 벌리고 있지만 또한 납작하게 눌려진, 약속과 위협으로 가득 찬 동굴이다. 아이는 흔히들 그의 〈열망〉이라고 부르는 그 무엇에 이끌려 그 동굴을 향해 나아간다.

정오가 되면 해는 남중하고 그림자는 어른의 발밑으로 완전히 빨려들어가게 된다. 완성된 인간은 당장 발등에 떨어진 일들에 정신이 팔린다. 그는 미래 같은 것엔 별로 관심이 없다. 미래 때문에 불안해하지도 않는다. 아직은 그의 과거가 발걸음을 무겁게 하지도 않는다. 그는 다가올 날에 대한 두려움도 없고 흘러간 세월에 대해 향수를 느끼지도 않는다. 그는 현재를, 동시대인을, 친구를, 형제를 믿는다.

그러나 해는 서쪽으로 넘어가고 성숙한 인간에게는 등뒤에 그림자가 생겨나서 점점 길어진다. 이제부터 그는 점점 더 무거워지는 추억들의 무게를 발뒤축에 끌고 다닌다. 그가 사랑했다가 잃어버린 모든 사람들의 그림자가 자신의 그림자에 보태지는 것이다. 과연, 그의 발걸음은 점점 느려진다. 과거의 덩치가 점점 커짐에 따라 그 자신은 점점 작아진다. 뒤에 달린 그림자가 너무 무거워져서 걸음을 멈추어야 되는 날이 온다. 그러면 그는 사라져버린다. 그는 송두리째 그림자로 변하여 살아 있는 사람들에게 가차없이 맡겨진다.

《짧은 글 긴 침묵》, 김화영 옮김, 현대문학, 1998, 225~226쪽

○ 흑백 애니메이션을 떠올리게 하면서 과연 그러하구나 공감하게 합니다. 릴케가 사는 일을 여러 개의 얼굴에 빗댔다면 투르니에는 그림자에 빗대고 있습니다.

파스칼 키냐르 《로마의 테라스》

소설

사람은 늙어갈수록, 자신이 통과하는 풍경의 광채에서 몸을 빼내기가 점점 더 어려워지네. 바람과 세월에 닳고, 피로와 기쁨에 탄력 잃은 살갗, 갖가지 체모, 눈물, 땀방울, 손톱과 머리카락. 이런 것들이 마치 낙엽이나 죽은 나뭇가지처럼 땅에 떨어져, 두툼한 살갗 외부로 점점 더 빈번히 빠져나가는 영혼을 흩어지게 하지. 마지막 떠남은 사실상 흩어짐에 불과해. 늙어갈수록 나는 내가 도처에 있음을 느끼네. 이제 내 육체 속에는 내가 많이 남아 있지 않아. 나는 언젠가 죽는다는 것이 두렵네. 내 살갗이 지나치게 얇아졌고, 구멍이 더 많이 생겼다고 느끼지. 난 혼자 중얼거리네. '언젠가 풍경이 나를 통과하겠지.'"

송의경 옮김, 문학과지성사, 2001, 82~83쪽

바닥이 드러나는 얼굴과 점점 길어지는 그림자, 그것들마저 모두 흩어지면 풍경이 통과합니다.

헨리크 입센 〈유령〉

희곡

알빙 부인 : 꼭 유령을 만난 기분이었지 뭐예요. 이런 생각마저 들었어요. 우리 모두가 유령인지도 모른다는 생각이요. 부모님께 물려받은 유령이 우릴 따라다니는 거예요. 그뿐만이 아니죠. 모든 낡은 사상과 온갖 낡은 신앙도 우릴 따라다녀요. 진짜 살아 있는 게 아니라 우리 몸속에 달라붙어 있을 뿐인데도 우린 그걸 밖으로 몰아내지 못하죠. 신문이라도 읽을라치면 유령이 활자들 사이에서 꾸물대는 것 같아요. 분명 온 나라에 유령들이 득실대는 거예요. 바닷가의 모래알처럼 잔뜩. 그래서 우리가 빛을 무서워하는 거예요.

《인형의 집/유령/민중의 적/들오리》, 소두영 옮김, 동서문화사, 2013, 133쪽

DATE   .   .

☀ 실제로 살아 있는 게 아니라 단지 달라붙어 있을 뿐인 것들을 〈발견가가 되자〉 편에서 필사한 글귀들로 퇴치할 수 있습니다. 되돌아가 읽어 보세요.

호모 엑스핑고로서 표현하기 8

당신의 생각이나 느낌, 속을 빗대어 표현해보세요.

주어가 '나' 아닌 다른 생물 혹은 무생물이어도 흥미롭겠지요.

혹은 왜 빗대는 표현이 필요한지 새로 느낀 바가 있다면

그에 대해 써도 좋겠습니다.

네 번째 걸음

표현력이 주는

힘

살, 살다, 삶, 사람, 사랑.

　목구멍을 열고 혀를 입천장에 붙였다 떼었다 하며 소리 내어 천천히 하나씩 읽어보세요. 안에서 밖으로 끄집어낸 순간, 저마다의 의미에 실린 무거움을 떨치고 가볍게 날아가는 것 같지 않나요. 철새들이 커다란 시옷을 그리며 저 먼 하늘을 날아가는 것처럼요. 시옷이 내는 소리는 가볍고 시원합니다. 그러고 보니 시원하다도 시옷으로 시작하네요. 글꼴이 한자 사람 인人과 닮은 것은 우연일 가능성이 크지만 필연으로 읽힙니다. 제가 가장 아끼고 마지막까지 버리고 싶지 않은 우리말 어휘 다섯 개입니다.

　　　　　살, 살다, 삶, 사람, 사랑.

　죽은 자에게는 살이 없습니다. 산 것도 죽은 것도 아닌 좀비에게는 뼈만 있습니다. 아기가 태어나면 살이 오르면서 한 살, 두 살, 세 살…… 사람 꼴을 갖춰갑니다. 우리말 '살'의 어원은 '쏟아지는(또는 쏟아내는) 빛줄기'(국립국어원)입니다. 여기에 종결 어미 '-다'를 붙이면 '살다'가 됩니다. '살'의 어원에 근거해 새로 뜻을 풀어봅니다. 빛줄기가 쏟아지다, 빛줄기를 쏟아내다.

여기에서 빛은 '생명'일 것입니다. 생명이라는 빛줄기가 쏟아지는 동안, 생명이라는 빛줄기를 쏟아내는 동안을 '살다'라고 하고, 명사형이 '삶'입니다. 삶이라는 글자를 해체해볼까요.

ㅅㅏㄹㅁ

무엇이 보이나요? 저는 사람이 보입니다. 사람이 사는 일, 그것이 삶입니다. 저마다 구석진 귀퉁이와 뾰족한 모서리가 있습니다. 아무래도 사람의 마음은 네모난 것 같습니다. 둥근 지구에 네모나게 태어나 둥글게 굴러가려고 애쓰느라 소외받은 귀퉁이를 알아보고 모서리를 쓰다듬어주는 마음의 눈길과 손길, 그것이 사랑입니다. 이 모든 일이 '살'에서 시작되었습니다. '살다'와 '삶', '사람'을 거쳐 '사랑'으로 이어지고 그 사랑이 또 다른 '살', '쏟아내는 빛줄기'를 낳습니다.(출산만을 의미하지 않습니다.) 모든 생명체가 이 과정을 순환합니다. 아니, 순환하려고 애를 씁니다. 그러나 저절로 이루어지는 순항일 리 없어서 고통을 겪습니다. 이때 우리가 해야 하고, 할 수 있는 일을 네 가지 동사로 집약해보았습니다. 같은 용언이라도 형용사는 사물의 성질이나 상태를 나타내고 동사는 사물의 동작이나 작용을 나타냅니다. 즉 움직여야 한다는 점을 강조하고 싶어 고른 말들입니다.

잇다: (타동사) ❶ 물체들의 끝과 끝을 맞대거나 붙이다.

　　　　　❷ (어떤 매개체가) 떨어진 사물 사이를 교통이나 통신이 가능하도록 하다.

깨다: (자동사) (생각이나 의식이) 제대로 생각하여 깨달을 수 있게 되다.

　　　(타동사) ❶ 단단한 물체를 때려서 조각이 나게 부수다.

　　　　　　❷ 기존의 생각이나 관습을 강하게 반대하여 없어지게 만들다.

헤다: (자동사) 어려운 상태에서 벗어나려고 애쓰다.

　　　= 헤치다: (자동사) 힘든 일을 이겨나가다.

짓다: (타동사) 1. 재료를 들여, 밥, 옷, 집 따위를 만들다.

　　　　　　 10. 이어져온 일이나 말 따위의 결말이나 결정을 내다.

(국립국어원 표준국어대사전과 《한국어 동사사전》(베가북스) 참고)

　제 삶의 목표는 죽을 때 '잘 놀다 간다. 잘 있어라'고 소회하는 것인데, 아직 안 죽어봐서 확신할 수 없지만 꾸준히 네 개의 동사를 실행하면 참모습대로 순환하고 마치는 데 크게 도움이 될 거라고 믿습니다. 읽기의 여정에서 무엇을 어떻게 잇고, 깨고, 헤(치)고, 지을지, 표현한 글들을 많이 만났습니다. 얼마나 다행인지, 고마운지 모릅니다. 그중 크게 영감을 받았고 의지가 되는 글들을 옮겼습니다.

"어휘로 생각하고 정리해 표현하지 않는 게 일상이 되면 자기 생각이나 감정을 파악할 줄 모른다. 자신의 생각에 대해 자신이 없다." 제가 《어른의 어휘력》에 쓴 글입니다. 이러한 믿음을 시작으로 당신이 무엇을 어떻게 잇고- 깨고- 헤(치)고- 짓고 싶은지 표현할 수 있기를 바랍니다. 그 표현이 당신이 파편화되는 사태를 막고, 참모습대로 살아가는 첫걸음이 될 것입니다.

❶ 잇다

나와 떨어진 나 사이를 잇고,

나와 떨어진 다른 사람 사이를 잇습니다.

나와 떨어진 즐거움이나 아름다움을 잇고

나와 떨어진 슬픔이나 진실을 잇습니다.

'잇다'는 '있다'입니다.

이어짐으로 있는 것이 됩니다.

그리하여 공명합니다.

공명은 세상에서 가장 힘이 센 에너지입니다.

'잇다'는 말·글이 가진 표현력의 힘입니다.

동시에 표현력이 갖추어야 할 조건이기도 하지요.

잇기 위해 표현하세요.

잇고 싶어 표현하세요.

있기 위해, 있고 싶어 표현하세요.

104

정세랑 《덧니가 보고 싶어》

소설

"이따위니 마음 못 붙이지."
빨래통에 수건을 던지며 중얼거리고 말았다. 붙이다,란
얼마나 접착력이 강한 말인지, 용기는 문득 생각했다.
마음이 머물다, 마음을 빼앗기다, 마음을 두다……
용기의 어휘력은 그렇게 풍부하지 않았지만,
'붙이다'는 포스트잇보다 훨씬 접착력이 있어야 함이 틀림없어 보였다.

'정 붙이고 살면 거기가 고향'이라는 말이 있습니다. '주고……'라고 하지 않고 '붙이고……' 라고 했어요. 주다가 안 줄 수는 있어도 붙이면 떼기 힘듭니다. 뜻풀이부터 '주다'는 '가지도록 건네거나 베풀다'이고 '붙이다'는 '맞닿아 떨어지지 않게 하다'입니다. '잇다'의 실체는 '마음을 주고 싶은……'이라기보다 '마음 붙이고 싶은……'일지 모릅니다. 그러려면 포스트잇보다 접착력 있는 무엇이 필요하겠지요.

마욜린 판 헤임스트라 〈달의 박물관〉

나는 대야 하나를 가득 채운 빛이 수십억 개 조각으로 산산이 흩어지는
유대 창조 신화와 광활한 공간에 펼쳐진 파편의 유사성을 탐색했다.
유대 신화에 따르면 그렇게 흩어진 모든 빛의 파편은 궁극적으로 생명이
되고, 인간, 동물, 심지어 낱말이 된다. 성스러운 빛의 파편인 것이다.
그리고 유대 신화가 전하기를 빛에서 떨어져 나온 조각 하나하나는
모든 것이 하나의 대야 속에서 공존했던 시절을 향한 향수를 품고 있다.
즉 사람이 됐건 동물이 됐건 식물이 됐건 낱자가 됐건,
빛의 파편들 사이에서 이루어지는 모든 만남은 더 많은 빛을 향한 갈망이다.
분열된 세계는 갈망하는 세계다.

《우주에서는 서두를 필요가 없다》, 양미래 옮김, 돌베개, 2024, 18쪽

◉ 과학이 밝혔습니다. 모든 생명의 기원은 우주의 먼지라고요. 또한 그 먼지는 별이 수십억 개 아니 그 이상으로 산산이 흩어진 파편이지요. 이러한 지식을 배경으로 위의 글을 다시 읽으면 '분열된 세계는 갈망하는 세계'라는 알파 문장 뒤로 파편화된 개인들과 그 속의 갈망들이 어른어른 비칩니다.

오스카 와일드 〈행복한 왕자〉

소설

내가 살아 있을 때, 그러니까 인간의 심장을 가지고 있을 때 난 눈물이 무엇인지 몰랐어. 내가 살고 있던 성 스시(근심 걱정이 없는 곳이라는 뜻: 옮긴이)라는 궁전엔 감히 슬픔이 밀고 들어 올 자리가 없었으니까. 낮에는 정원에서 친구들과 놀고, 저녁에는 큰 연회장에서 춤을 추며 보냈지. 정원 주위로 높은 벽이 빙 둘러쌓여 있었는데, 난 그 너머에 어떤 세상이 펼쳐져 있는지 한 번도 궁금하게 생각해 본 적이 없었어. 내 주위에는 아름다운 것들만 있었지. 신하들은 날 '행복한 왕자'라고 불렀어. 즐겁게 사는 것이 행복이라면, 난 정말 행복했다고 말할 수 있어. 난 그렇게 행복하게 살다가 행복하게 죽었지. 내가 죽고 난 뒤, 사람들은 나를 동상으로 만들어 여기 이 높은 곳에 세웠어. 그제야 비로소 난 이 도시의 온갖 추하고 비참한 생활을 볼 수 있게 되었어. 그래서 내 심장이 납으로 만들어지긴 했지만 이렇게 하염없이 눈물이 흐르는 거란다.

《행복한 왕자》, 지혜연 옮김, 시공주니어, 2003, 14~15쪽

알고 나면 도저히 이전의 나로 돌아갈 수 없습니다. 바로 '사랑'이지요. 사랑을 깨달은 곳은 높은 벽을 쌓아 외부와 단절한 덕에 근심 걱정 없이 즐겁게 살았던 성 '스시'가 아니었습니다. 어른이 되어 다시 읽은 〈행복한 왕자〉는 단순히 왕자와 제비의 헌신에 대한 이야기가 아니었습니다. 단절하고 살면서 즐겁다고 하지 않는지, 단절하고 살면서 근심 걱정 없다고 하지 않는지, 단절하고 살면서 충만하다고 하지 않는지 돌아봅니다.

시그리드 누네즈《어떻게 지내요》 〔소설〕

세상에는 두 종류의 인간이 있다고 했다.
고통받는 사람을 보면서 내게도 저런 일이 일어날 수 있어, 생각하는 사람과
내게는 절대 저런 일이 일어나지 않을 거야, 생각하는 사람.
첫 번째 유형의 사람들 덕분에 우리는 견디며 살고,
두 번째 유형의 사람들은 삶을 지옥으로 만든다.

정소영 옮김, 엘리, 2021, 166~167쪽

첫 번째 유형의 사람에게는 상상력이 있고 두 번째 유형의 사람에게는 상상력이 없습니다. 상상력이 없어서 지옥이 무엇인지 모르고, 스스로 지옥을 살면서 지옥에 사는 줄 모릅니다.

정희성 〈민지의 꽃〉

강원도 평창군 미탄면 청옥산 기슭
덜렁 집 한 채 짓고 살러 들어간 제자를 찾아갔다
거기서 만들고 거기서 키웠다는
다섯 살배기 딸 민지
민지가 아침 일찍 눈 비비고 일어나
저보다 큰 물뿌리개를 나한테 들리고
질경이 나싱개 토끼풀 억새……
이런 풀들에게 물을 주며
잘 잤니, 인사를 하는 것이었다
그게 뭔데 거기다 물을 주니?
꽃이야, 하고 민지가 대답했다
그건 잡초야, 라고 말하려던 내 입이 다물어졌다
내 말은 때가 묻어
천지와 귀신을 감동시키지 못하는데
꽃이야, 하는 그 애의 말 한마디가
풀잎의 풋풋한 잠을 흔들어 깨우는 것이었다

《시를 찾아서》, 창비, 2001

일상을 포착해 담박하고 꾸밈없이 그려냈지만 철학이 담겨 있습니다. 동심으로만 이해한다면 아쉬운 해석입니다. 어머니가 잡초를 가져와 화분에서 꽃으로 길러낸 모습을 여러 번 보았고, 민지처럼 시멘트 블록 사이에서 핀 풀에 물을 주는 동네 어르신을 만난 적이 있습니다. 꽃이든 잡초든 하나의 생명으로 대한 거지요. 시인이 말한 '때'는 자기중심, 인간 중심의 사고일 것입니다. 이어진 것들을 끊어지게 만듭니다.

심보선 〈사랑은 나의 약점〉 중에서

그는 내게 말하는 듯했다.
시인이여, 노래해달라.
누구나 짐작할 수 있는
나의 머지않은 죽음이 아니라
누구도 모르는 나의 일생에 대해.
나의 슬픈 사랑과 아픈 좌절에 대해.
그러나 내가 희망을 버리지 않았음에 대해.
모든 것을 극복하고 생존하여 바로 오늘
쪽동백나무 아래에서 당신과 우연히 눈이 마주쳤음에 대해.
나는 너무 많은 기억들을 어깨 위에 짊어지고 있는데
어찌하여 그 안에는 단 하나의 선율도 흐르지 않는가.
창가에 서 있는 시인이여,
나에 대해 노래해달라, 나의 지친 그림자가
다른 그림자들에게는 없는 독특한 강점을 지녔노라고 제발 노래해달라.

《눈앞에 없는 사람》, 문학과지성사, 2011

나에 대해 노래해달라, 시인에게만 그 사명을 부여하고 싶지 않습니다. 지친 그림자를 알아보고, 다른 그림자들에게 없는 독특한 강점을 발견하고, 그것을 표현해줄 수 있다면……. 아아, 부디 거울 앞보다 창가에 서 있는 시간이 많기를 바랍니다.

도정일 〈시 배달부의 인기〉 (산문)

시는 사람들의 가슴과 가슴을 연결하고 나를 나 아닌 모든 다른 것들과 연결시키고 나를 나 자신에게 연결한다. 사람과 사람들을 이어붙이고 인간과 별과 바람, 나무와 구름, 지렁이와 개구리까지도 한데 이어붙인다는 점에서 시는 인간이 가진 최선의 선린 외교정책이다. 무엇보다도 시는 내가 나보다 더 큰 어떤 것, 내가 '나'의 좁은 울타리를 넘어 더 크고 중요한 어떤 것과 연결되게 한다. '더 크고 중요한 어떤 것'이라는 소리가 고깝게 들리는 사람에게라면 말을 바꿔도 된다. 나보다 더 작고 약하고 미천한 것, 그래서 내가 노상 업신여기고 깔아뭉개고 구둣발로 걸어찼던 것들도 사실은 내가 그 존재의 귀함을 몰라보았던 '더 큰 어떤 것'이다. 그 모든 작은 것들을 어느 순간 나에게로 이어붙여 그 존재의 고귀함을 느낄 수 있게 하는 것이 시다.

《쓰잘데없이 고귀한 것들의 목록》, 문학동네, 2014, 82~83쪽

🔆 문학평론가 김현에 따르면 '문학은 써먹을 데가 없어 무용하기 때문에 유용한 것'이라고 했는데 그 '무용하기 때문에 유용한' 구체적 내용이라 할 수 있습니다. 이어 붙여서 고귀하고 충만한 삶을 살 수 있도록 해주지요.

마종기 〈우화의 강 1〉

사람이 사람을 만나 서로 좋아하면
두 사람 사이에 물길이 튼다.
한쪽이 슬퍼지면 친구도 가슴이 메이고
기뻐서 출렁거리면 그 물살은 밝게 빛나서
친구의 웃음소리가 강물의 끝에서도 들린다.

처음 열린 물길은 짧고 어색해서
서로 물을 보내고 자주 섞여야겠지만
한세상 유장한 정성의 물길이 흔할 수야 없겠지.
넘치지도 마르지 않는 수려한 강물이 흔할 수야 없겠지.

긴말 전하지 않아도 미리 물살로 알아듣고
몇 해쯤 만나지 못해도 밤잠이 어렵지 않은 강,
아무려면 큰 강이 아무 의미도 없이 흐르고 있으랴.
세상에서 사람을 만나 오래 좋아하는 것이
죽고 사는 일처럼 쉽고 가벼울 수 있으랴.

→ 뒷장에 이어서

마종기 〈우화의 강 1〉

큰 강의 시작과 끝은 어차피 알 수 없는 일이지만
물길을 항상 맑게 고집하는 사람과 친하고 싶다.
내 혼이 잠잘 때 그대가 나를 지켜보아 주고
그대를 생각할 때면 언제나 싱싱한 강물이 보이는
시원하고 고운 사람을 친하고 싶다.

《마종기 시전집》, 문학과지성사, 1999

나도 고인 물, 당신도 고인 물. 서로 좋아해서 물길이 트입니다. 환희이지요. 슬며시 당신에게 마음 붙이고 싶은 소망이 생깁니다. 그러려면 포스트잇보다 접착력 있는 무엇이 필요한데, 이 시가 그 무엇에 대해 귀띔합니다. 우화偶話는 한자어로 '두 사람이 서로 마주하여 이야기함'이라는 뜻입니다.

정현종 〈방문객〉

사람이 온다는 건
실은 어마어마한 일이다.
그는
그의 과거와
현재와
그리고
그의 미래와 함께 오기 때문이다.
한 사람의 인생이 오기 때문이다.
부서지기 쉬운
그래서 부서지기도 했을
마음이 오는 것이다―그 갈피를
아마 바람은 더듬어볼 수 있을
마음,
내 마음이 그런 바람을 흉내낸다면
필경 환대가 될 것이다.

《광휘의 속삭임》, 문학과지성사, 2008

🌞 이 시를 알고 나서 인연(사람들 사이에 맺어지는 관계)을 대하는 마음가짐이 달라졌습니다. 사람이 사람을 어떻게 환대해야 하는지 알게 되었습니다.

레프 톨스토이 〈생각 하나가〉

모든 생명체는
서로 밀접한 관계를 맺고 있다.
누군가 고통받으면
다른 쪽도 고통받게 된다.
반면 한쪽이 행복하면
그 행복이 다른 쪽에게도 옮겨진다.

모든 생명체에게서
자신의 모습을 보게 될 때,
그때 비로소 인생을 이해할 수 있다.

(중략)
세상에 대해 생각할 때에는
우선 내면의 목소리로 말하라.
그 다음에 다른 사람들에게
소리 내어 말해야 한다.

한 사람의 영혼 속에 자리 잡은
생각 하나가 인생을 바꾼다.

《살아갈 날들을 위한 공부》, 이상원 옮김, 위즈덤하우스, 2025, 122~123쪽

화엄종의 핵심이라 할 수 있는 '일즉다 다즉일(一卽多 多卽一, 모든 존재는 서로 연결되어 있고 하나의 존재 안에 모든 존재가 깃들어 있다)'과 상통합니다. 동서양의 사상을 떠나 모든 인간이 선험적으로 아는데 모르는 체합니다.

이향아 〈자장가〉

어미 냄새 치마폭에 몇 알 감싸서
잠드는 어린것들 이마 위에 얹는다
세세한 훈풍, 둥지에 가득 일어
혼자 떠나는 꿈길에도
길 잃지 말아라

잠든 애들 머리카락
갈피마다 끼운다

잠나라 건널목의 파수꾼이여,
겁 많은 하린,
말 않는 환이,
꾀 없는 준이입니다
아롱이 다롱이 한 소쿠리
소란한 밤톨들입니다
어둡지 않게 하소서
어미들의 젖은 신을 벗겨 주시고
그 손금마다 몇 다발씩 능금꽃을 피우소서

마늘 냄새 탱자냄새 행구는 물냄새
나들이 갔다가 돌아오는 치자꽃 냄새
내 엄마 행주치마 끄집어내어
나도 어미 냄새 몇 알 감싸다

정호승 〈어머니를 위한 자장가〉

잘 자라 우리 엄마
할미꽃처럼
당신이 잠재우던 아들 품에 안겨
장독 위에 내리던
함박눈처럼

잘 자라 우리 엄마
산 그림자처럼
산 그림자 속에 잠든
산새들처럼
이 아들이 엄마 뒤를 따라갈 때까지

잘 자라 우리 엄마
아기처럼
엄마 품에 안겨 자던 예쁜 아기의
저절로 벗겨진
꽃신발처럼

○ 시인이 88세 된 어머니가 둥글게 누워 자는 모습을 보고 지은 시라고 합니다. 그리고 어머니가 영원한 잠에 드셨을 때, 육필로 적은 시를 염한 어머니의 수의 품에 넣어드렸습니다. '이 아들이 엄마 뒤를 따라갈 때까지'라는 구절이 왜 이리 절절한지요. 한편으로 모든 '잇다'의 종착이기도 합니다.

호모 엑스핑고로서 표현하기 9

'잇다'는 '있다'입니다.

당신 생애에 가장 아름다운 '잇다'의 순간을 떠올려보세요.

'잇다'가 '있다'가 된 그 존재를 표현해보세요.

❷ 깨다

잠이 깨는 것처럼, 술이 깨는 것처럼
제대로 생각하여 깨닫게 되는 것이 '깨다'입니다.
('깨닫다'는 어떠한 사실이나 느낌을 모르는 상태에 있다가 알게 되는 것입니다.)
새가 알을 깨야 밖으로 나올 수 있는 것처럼
단단한 물체를 때려서 조각이 나게 부수는 것이
'깨다'입니다.
(유의어로 '깨뜨리다'와 '깨트리다'가 있고, 피동사가 '깨지다'입니다.)
깨뜨리지 않으면, 깨지지 않으면 깨지 못합니다. 깨닫지 못합니다.
그러니 깨뜨려야 하고, 깨져야 합니다.
그 순간의 아픔이 있고, 그보다 큰 놀라움과 환희가 있습니다.
'깨다'는 말·글이 가진 꿈입니다.
표현력을 통해 실체로 구현하고자 합니다.
깨기 위해 표현하세요.
깨고 싶어 표현하세요.

이시영 〈소나기〉

여름비가 사납게 마당을 후려치고 있다.
명아주 잎사귀에서 굴러떨어진 달팽이 한 마리가
전신에 서늘한 정신이 들 때까지
그것을 통뼈로 맞고 있다

《경찰은 그들을 사람으로 보지 않았다》, 창비, 2012

- 하늘이 내리는 죽비를 통뼈로 맞아본 적 있나요? 황당하다 아프고, 아프다 서늘합니다. 미망에서 깨어나는 순서입니다.

산도르 마라이 〈모험〉

(산문)

지금 당신 주변에서 무슨 일인가 벌어진다. 오후 네시, 갑자기 삶이 어수선하고 위험해진다. 사방에서 그런 징후가 보이고, 평범한 것이 예사롭지 않게 느껴진다. 운명의 사자가 문고리를 잡아당긴 듯 문이 열린다. 햇빛이 암살범의 칼날처럼 당신의 심장을 찌른다.
당신은 숨을 죽이고 기다린다. 단조롭고 권태로운 존재 깊숙이 뚫고 들어오는 것은 어떤 모험인가? 그러다 문득 당신은 깨닫고 얼굴이 창백해진다.
당신은 살아 있음을 깨닫는다. 그것이 바로 유일한 모험이다.

《하늘과 땅》, 김인순 옮김, 솔, 2003, 12쪽

살아 있어서 살아 있음을 깨닫기 힘듭니다. 모든 것에 끝이 있다는 진실의 조각을 체험할 때 살아 있음을 깨닫습니다. 단조롭고 권태로운 존재에서 깨어나 '나의 삶'이라는 미지의 세계를 향한 모험의 시작입니다.

대실 해밋 《몰타의 매》 [소설]

"그 남자한테 일어난 일은 이런 겁니다. 점심을 먹으러 가는 길에 사무용 건물을 짓는 공사장 앞을 지나게 되었습니다. 건물은 아직 골격만 있었죠. 그때 빔인가 뭔가 하는 게 10층 정도 높이에서 떨어져서 플릿크래프트 앞의 보도를 박살냈습니다. 아주 가까운 거리였지만 플릿크래프트에게 직접 닿지는 않았어요. 깨진 보도 조각이 튀어 올라 뺨을 강타했을 뿐이죠. 피부만 약간 까진 건데도 나와 만났을 때까지 흉터가 있더군요. (중략) 플릿크래프트는 당연히 머리가 쭈뼛 섰지만, 경악했다기보다는 충격을 받았다고 했어요. 누군가 인생의 어두운 문을 열고 그 안을 보여 준 것 같았다고 하더군요."

플릿크래프트는 훌륭한 시민이자 좋은 남편이고 아버지였다. 외부의 강요에 의해서가 아니라 그냥 그렇게 주변 환경에 맞추어 사는 것이 편했기 때문이다. 그는 그런 식으로 교육을 받고 자랐다. 주변 사람들도 그와 같았다. 그가 아는 인생은 공평하고 정연하고 이성적이고 책임 있는 그런 것이었다. 그런데 철제 빔의 추락이 인생은 본래 그런 것과 아무 상관이 없다는 사실을 알려주었다.

고정아 옮김, 열린책들, 2007, 85쪽

우리는 수없이 많은 작은 사고를 직·간접으로 경험합니다. 그 작은 사고가 앞으로 벌어질 수 있는 대형 재난의 경고일 수 있습니다. "한 번의 중대재해 전에 스물아홉 건의 사고와 300건의 사소한 징후가 있다.(1:29:300)" 하인리히 법칙이지요. 플릿크래프트는 그 작은 사고를 '인생의 어두운 문을 열고 그 안을 보여준 것 같았다'고 느낍니다. 그 안을 설핏이라도 본 사람은 이전의 삶으로 돌아갈 수 없습니다. 그것이 옳든, 틀리든.

페르난두 페소아 《불안의 서》

나는 한번도 실생활이란 것을 이해하지 못했다. 아무도 틀리지 않는 일들을 나는 항상 틀려왔다. 다른 사람들은 전혀 힘들지 않게 하는 일인데도 나는 항상 죽어라 노력을 기울여야만 했다. 다른 사람들은 바라지도 않는데 쉽게 얻는 일들을, 나는 눈물로 소원하면서 살았다. 나와 삶 사이에는 언제나 혼탁한 유리창이 가로놓였다. 나는 삶을 눈으로 본 것도 아니고 손으로 만져서 알아차린 것도 아니다. 나는 삶을 산 것도, 삶의 설계도를 산 것도 아니다.

나는 언제나 내가 되고자 원했던 것의 몽상이었고, 내 꿈은 의지에서 출발했으나 그것의 종착지는 언제나 한번도 내가 아니었던 어떤 것에 대한 최초의 상상이었다.

내 감성이 나의 지적 능력에 비해 과도했던 것인지, 나의 지적 능력이 내 감성에 비해 과도했던 것인지, 나는 알 수 없었다.

나는 항상 늦었다. 감성이 늦는 것인지 지적 능력이 늦는 것인지는 알 수 없다.

아마도 둘 다일 것이다. 그도 아니라면, 늦는 것은 바로 제3의 어떤 것이리라.

배수아 옮김, 봄날의책, 2014, 663~664쪽

예민하고 감상적인 이가 털어놓는 서글픈 토로가 아니라 객관적인 자기 통찰의 서술입니다. 그의 표현을 거울삼아 나를 비춥니다. 그의 나와 나의 나가 다를까요.

찰스 슐츠 〈나의 예술〉

나는 연날리기를 잘해 본 적이 한 번도 없다. 그에 대한 변명으로 내가 살던 지역에는 연을 날리기에 적합한 곳이 없었다는 핑계를 대겠다.
어렸을 때 나는 나무와 전신줄이 너무 많은 동네에 살았다.
찰리 브라운이 연을 날릴 때 겪는 어려움을 그리는 데는 연 날리기 어려웠던 나의 경험과 기억이 한몫했다. 내 아이들과 연을 날리려고 애쓸 나이가 되자 나는 내가 과거와 똑같은 문제에 부딪혔다는 걸 깨달았다.
나는 키가 큰 나무에 걸려 놓쳐 버린 연이 몇 주에 걸쳐 서서히 사라지는 것을 지켜보았다. 분명 그 연은 어딘가로 날아갔을 테지만, 내게는 나무가 그 연을 먹은 것처럼 보였다. 이렇게 나는 찰리 브라운과 그가 사는 동네에 있는
'연 먹는 나무'의 피 튀기는 전투 연작을 만들게 되었다.

《찰리 브라운과 함께한 내 인생》, 이솔 옮김, 유유, 2015, 247쪽

과거에 해결하지 못한 문제는 내가 미래로 던진 부메랑이 되어, '반드시'라고 해도 틀리지 않을 만큼 되돌아옵니다. 대부분의 경우 또 해결하지 못할 것입니다. 그렇다고 해도 시간이 준 선물이 있지요. 바로 그 문제를 대하는 태도입니다. 태도를 바꾸면 연 먹는 나무를 만들 수 있습니다.

마크 헤이머 〈여러 갈림길〉

산문

내 상상 속에서, 이 삶은 수많은 갈래가 있는 길이었다. 그 각각이 가능한 선택지였다. 선택하지 않은 각각의 길은 과거가 되면서 시야에서 사라졌고, 그 도착지도 알 수 없다. 어떤 도착지도 가볼 때까지는 결코 알 수 없고, 그저 길 위에 존재하는 한 지점일 뿐이다. 계획에 없던 막연한 장소, 그저 또 다른 모험의 출발지. 할 수 있는 것은 그 결과가 무엇이든 그것에서 행복을 느끼는 것이다. 모든 길이 그렇듯, 그 길은 끝으로 향한다.
나는 험준한 길도, 막다른 길도 경험했다. 재앙으로 이어진 결정도 있었고, 사랑과 열정의 시詩로, 흥분과 모험으로 이어진 길도 있었다. 내가 할 수 있는 것은 그 전부를 끌어안고 계속 나아가는 것이다. 사람들은 이따금 얼어붙은 듯 어느 길로 가야 하는지 결정을 내리지 못한다. 또 어떤 사람들은 선택하지 않은 길에 대한 꿈같은 환상이, 선택한 길의 현실과 그것에 쏟는 노력보다 더 밝아 보인다는 이유로 대번에 자신들의 선택을 후회한다. 있을 수 있었던 일은 결코 일어나지 않은 일이며, 앞으로도 일어나지 않을 일이다.

《씨앗에서 먼지로》, 정연희 옮김, 1984BOOKS, 2025, 290~291쪽

가능했지만 선택하지 않은 무수한 것들이 존재합니다. 때로는 그 선택하지 않은 것들을 동경하거나 지금을 가져온 선택을 후회하지요. 저는 '후회해봐야 소용없다'는 말을 좋아하지 않습니다. 동시에 후회라는 감정을 가장 두려워합니다. 그러나 후회할 줄 뻔히 알면서 선택하는 순간들이 있습니다. 어디 우리가 손익계산만 따져 선택하던가요. 할 수 있는 것은 그 전부를 끌어안고 계속 나아가는 것입니다. '있을 수 있었던'이라고 하는 것들은 일어나지 않았고, 앞으로도 일어나지 않을 것입니다. 대부분의 선택이 운이 아니라 됨됨이에서 나오기 때문이지요. 이런 사람이라서 이런 선택을 하고 그런 사람이라서 그런 선택을 합니다.

이반 투르게네프 〈첫사랑〉 [소설]

그녀는 나를 떼어놓고 나가버렸다. 나도 그 집에서 물러나왔다. 그때 내 가슴에 서렸던 심정을 도저히 그대로 전할 수는 없다. 나는 그러한 심정을 언제건 다시 느낄 수 있게 되기를 바라지는 않았지만, 그러나 내 생애에 한 번도 그것을 경험하지 못했다면 나는 자신을 불행하게 여겼을 것이다.

《첫사랑》, 김학수 옮김, 문예출판사, 2006, 122쪽

중년의 작가들이 청년 시절에 겪은 고통에 향수를 느끼며 쓴 글을 읽으면 위로를 받기는커녕 분노가 뻗치던 시절이 있었습니다. 그 고통의 실체를 투르게네프가 적확하게 표현했습니다. '다시 느낄 수 있게 되기를 바라지는 않지만'이라고 구태여 피동체로 쓴 속뜻은 '그 고통을 다시 느끼는 일이 벌어지지 않기 바라지만'일 겁니다. 이제 인정합니다. 경험하지 못했다면 스스로 불행한 인생을 살았노라 여겼을 거라고, 덜 떨어진 인간이 됐을 거라고.

필립 로스 《전락》

|소설|

그는 별다른 이유도 없이 배우로서의 마력을 잃었다. 비록 당분간이기는 하겠지만 자기 인생을 끝내버려야겠다는 욕망이 썰물처럼 빠져나가기 시작한 것만큼이나 영문을 알 수 없는 일이었다. "특별히 이유가 있어서 일어나는 일은 하나도 없습니다." 그날 오후 늦게 그는 의사에게 말했다. "우리는 잃기도 하고 얻기도 해요. 전부 종잡을 수 없는 일이죠. 종잡을 수 없음이 지닌 무한한 힘. 반전 가능성. 그래요, 예측 불가한 반전과 그것이 지닌 위력이죠."

박범수 옮김. 문학동네, 2014, 25~26쪽

● 자기에게 일어나는 일에 지나치게 의미를 부여하지 마세요. 의외로 특별한 이유가 없는 경우가 많습니다. 섣불리 예측하려 하지 마세요. 대부분의 예측이 어긋납니다. 통제하려거나 조정하려고 하지 마세요. 원하는 대로 되지 않습니다. 이러한 사실을 깨칠 때 둥근 지구에 네모나게 태어나 둥글게 굴러가려고 애쓰느라 소외받은 네모의 소외받은 귀퉁이를 알아보고, 모서리를 쓰다듬을 수 있습니다. 조화로움과 아름다움을 발견하는 바탕이 됩니다.

더글라스 케네디 《빅 픽처》

소설

"천지사방을 둘러봐도 자극이 될 만한 일이 없어."
"그래서 어쩔 건데? 앞으로 30년 동안 다른 삶만 꿈꾸며 살 거야?"
"나도 잘 모르겠어."
"내 말 잘 들어, 친구. 인생은 지금 이대로가 전부야.
자네가 현재의 처지를 싫어하면, 결국 모든 걸 잃게 돼.
내가 장담하는데 자네가 지금 가진 걸 모두 잃게 된다면
아마도 필사적으로 되찾고 싶을 거야.
세상일이란 게 늘 그러니까."

조동섭 옮김, 밝은세상, 2024, 120쪽

살고 있는 집에 대해 푸념할라 치면 어머니가 말을 중단시켰습니다. 현재 가진 것, 누리는 것에 대해 부정적인 말을 하면 부정 타서 안 좋은 일이 생긴다는 의미였지요. 이러한 믿음은 한국인에게 보편적이었습니다. 일맥상통하는 내용을 현대소설, 그것도 외국의 소설에서 읽으니 새삼스러웠고, 더욱 강렬했습니다.

파트릭 모디아노 《어두운 상점들의 거리》 [소설]

그 건물들의 입구에서는 아직도 옛날에 습관적으로 그곳을 드나들다가 그후 사라져버린 사람들이 남긴 발소리의 메아리가 들릴 것 같다.
그들이 지나간 뒤에도 무엇인가 계속 진동하고 있는 것이다. 점점 더 약해져가는 어떤 파동, 주의하여 귀를 기울이면 포착할 수 있는 어떤 파동이. 따지고 보면 나는 한 번도 그 페드로 맥케부아였던 적이 없었는지도 모른다. 나는 아무것도 아니었었다. 그러나 그 파동들이 때로는 먼 곳에서, 때로는 더 세게, 나를 뚫고 지나가고 있었다. 그러다 차츰차츰 허공을 떠돌고 있던 그 모든 메아리들이 결정체를 이룬 것이다. 그것이 바로 나였다.

김화영 옮김, 문학동네, 2010, 129쪽

- 나는 누구인가, 나는 어떻게 내가 되는가에 대한 통찰을 문학적으로 표현했습니다. 허공을 떠돌고 있던 모든 메아리들의 결정체. 지금 당신의 허공에는 어떤 소리가 울리고 있습니까? 내가 낸 소리가 아닌 것이 나를 만듭니다.

작자 미상 〈찬도그야 우파니샤드〉

"존경스런 분이시여, 도대체 그 가르침은 어떠한 것이옵니까?"

"애야, 마치 흙덩어리 하나를 통해서 흙으로 된 모든 것을 알게 되는 것과 같으니라. 변형은 언어에 의해서 야기되는 이름이다. 바로 흙이란 것이 실재란다."

"애야, 마치 금덩어리 하나를 통해서 금으로 된 모든 것을 알게 되는 것과 같으니라. 변형은 언어에 의해서 야기되는 이름이다. 바로 금이란 것이 실재란다."

"애야, 마치 손톱깍이 하나를 통해서 검은 철로 된 모든 것을 알게 되는 것과 같으니라. 변형은 언어에 의해서 야기되는 이름이다. 바로 검은 철이란 것이 실재란다. 애야, 이런 것이 그 가르침이란다."

《우파니샤드》, 임근동 옮김, 을유문화사, 2012, 441~442쪽

《우파니샤드》는 힌두교 경전인 《베다》에서 지혜 편에 속합니다. 산스크리트어로 '가까이 앉음'이라는 뜻이며 '스승에게 직접 전수받는 신비한 지식'으로 해석합니다.

듣지 않았고, 생각지 않았고, 몰랐지만 본질을 깨치면 모든 것을 알게 되는 것과 같습니다. 다른 말로 '통찰력(예리한 관찰력으로 사물이나 현상을 꿰뚫어 최선을 알다)'이라 할 수 있습니다. 그러나 세인들은 새로운 변형에만 열광하고 정작 만능 키인 본질에 관심을 두지 않지요.

호모 엑스핑고로서 표현하기 10

(어떠한 사실이나 느낌을) 모르는 상태에 있다가 알게 될 때가 있습니다.

가슴이 조각나게 부서지는 것처럼 아프지만

아픔이 클수록 깨달음이 큽니다.

'깨지다'가 '깨다'가 된 것이 있다면 표현해보세요.

바로 깨닫기도 하지만

많은 경우 오랜 시간이 지나서 깨닫기도 하지요.

❸ 헤다

헤엄칠 때는 아무리 잔잔한 물살이라도
헤쳐 나가야 하는 강력한 대상이 됩니다.
물살이 거셀수록 헤쳐 나가야 할 힘이 강해야 하고,
그렇지 못하면 물속에 가라앉을 것입니다.
'헤다'가 '물속에 몸을 뜨게 하고 팔다리를 놀려
물을 헤치고 앞으로 나아가다'라는 뜻과 함께
'어려운 상태에서 벗어나려고 애쓰다'라는 뜻을 가진 것이
아무래도 우연 같아 보이지 않습니다.
인생을 흔히 고해苦海에, 절망을 구덩이에 비유하는데
모두 헤쳐 나가야 하고, 헤어 나와야 하는 것이지요.
'헤다'는 말·글이 가진 정신이자 지혜입니다.
표현력을 통해 구체화되고 단단해질 수 있습니다.
헤쳐 나가기 위해 표현하세요.
헤쳐 나가고 싶어 표현하세요.

127

이상국 〈용대리에서 보낸 가을〉

면에서 심은 코스모스 길로
꽁지머리 젊은 여자들이 달리기를 한다
그들이 지나가면 그리운 냄새가 난다
마가목 붉은 열매들이 따라가보지만
올해도 세월은 그들을 넘어간다
나는 늘 다른 사람이 되고자 했으나
여름이 또 가고 나니까
민박집 간판처럼 허술하게
떠내려가다 걸린 나뭇등걸처럼
우두커니 그냥 있었다
이 촌구석에서
이 좋은 가을에
나는 정말 이렇게 살 사람이 아니라고
그렇게 여러번 일러줬는데도
나무들은 물 버리느라 바쁘고
동네 개들도 본 체 만 체다
지들이 잘났으면 얼마나 잘났는데
나도 더는 상대하고 싶지 않아

소주 같은 햇빛을 사발때기로 마시며
코스모스 길을 어슬렁거린다

《뿔을 적시며》, 창비, 2012

☀ 처음 읽으면 배시시 실소가 나오고, 두 번 읽으면 내 이야기가 되고, 세 번 읽으면 대리만족할 수 있습니다. '나는 정말 이렇게 살 사람이 아니라'는 말은 진심입니다. 치기로 오해받을까 봐 대놓고 못 할 뿐이지요. 까짓거 더는 상대하지 말고 햇빛을 마시며 어슬렁거립시다.

이자크 디네센 〈바베트의 만찬〉　　　소설

장군은 인생에서 원하던 모든 것을 손에 넣었다.
모든 사람이 그에게 존경과 부러움의 시선을 보냈다.
하지만 정작 장군은 자신의 화려한 삶과 조화를 이루지 못하는 뭔가를 느꼈다. 장군은 행복하지 않았다. 뭔가 잘못되었다.
장군은 어딘가 깊이 박혀 있어 눈에 보이지 않는 가시를 찾듯
자기의 내면을 찬찬히 살폈다.

《바베트의 만찬》(문학동네 세계문학전집 245), 추미옥 옮김, 문학동네, 2024, 38쪽

'뭔가 잘못되었다'까지가 '깨다'라면 이후의 글귀는 '헤다'입니다. 뭔가 잘못되어 있다고 느낀다면 우선 눈에 보이지 않는 가시를 찾듯이 자신의 내면을 '천천히' 살펴야 합니다. 누구한테 물어볼 필요 없어요. 혼자만의 시간이 필요합니다.

이성복 〈아주 흐린 날의 기억〉

새들은 무리지어 지나가면서 이곳을 무덤으로 덮는다

관 뚜껑을 미는 힘으로 나는 하늘을 바라본다

《그 여름의 끝》, 문학과지성사, 1990

● '관 뚜껑을 미는 힘'이라는 표현에 울컥합니다. 그 순간을 어떻게 헤쳐 나갈 수 있었느냐고 물으면 많은 이들이 곰곰이 생각하다 이렇게 답하고는 합니다. 절박했으니까, 절실했으니까. 세상에 그만큼 센 힘은 없습니다.

로맹 롤랑 《장 크리스토프》

소설

오늘을 살아라. 하루하루에 대해서 믿음을 갖는 거야. 하루하루를 사랑하는 거지. 하루하루를 존경하는 거야. 특히 그것을 시들어 버리게 해서는 안 된단다. 그것이 꽃을 피우는 것을 훼방해서는 안 되는 거야. 오늘처럼 잿빛 하늘의 음산한 하루라도 사랑해야지. 걱정할 건 없다. 보려무나. 지금은 겨울이다. 모든 것이 잠자고 있지. 그러나 강한 땅은 또다시 눈을 뜰 거다! 억센 땅이기만 하면 되는 거야. 강인한 땅처럼 참을성이 있어야 하는 거야. 믿는 마음을 가져라. 그리고 기다리는 거야. 네가 만약 선량하다면 모든 일이 잘되어 가겠지. 설령 네가 선량하지 않고 약하고 성공하지 못하더라도, 그것은 그것대로 또 행복해야 하는 거야 물론, 그 이상은 할 수 없기 때문이지. 그런데 왜 그 이상의 것을 바라지? 왜 자기에게 불가능한 것을 해내려고 몸부림치지? 자기가 할 수 있는 일을 해야 한단다…… Als ich kann(자기가 할 수 있는 최대한의 것을)

(중략) 그래도 어느 누구보다도 많은 것을 할 수 있단다. 너는 오만하다. 너는 영웅이 되고 싶어 한다. 그러니까 어리석은 짓밖엔 못하지……
영웅이라! 나는 영웅이란 게 어떤 것인지는 잘 모른다. 하지만, 알겠느냐, 난 이렇게 생각한단다. 영웅이란 자기가 할 수 있는 일을 하는 사람이라고 말이다. 다른 이들은 그걸 하지 않는단다.

손석린 옮김, 동서문화사, 2011, 1권 419~420쪽

잿빛 하늘의 음산한 하루가 석 달 열흘 이어지던 시절에 이 글을 읽고 인생을 헤는 방법으로 새겼습니다. 사실 저는 아직도 '오늘을 살라'는 금언에 충실하지 못합니다. 인간에게 어제·오늘·내일이라는 구분이 시간 약속이라는 용도 외에 무슨 의미가 있나 싶습니다. 그저 어떤 상황에서든 내가 할 수 있는 일을 찾으려 합니다. 이런 관점은 불필요한 혼란을 줄일 수 있습니다. 물론 내가 뭘 할 수 있는지 분간할 수 있기까지 우여곡절을 겪어야지요. 이때의 우여곡절은 결코 불필요한 것이 아닙니다. 다음 장에 있는 릴케의 시가 도움을 줄 것입니다.

라이너 마리아 릴케
〈젊은 시인에게 주는 충고〉

마음속의 풀리지 않는 모든 문제들에 대해
인내를 가지라
문제 그 자체를 사랑하라
지금 당장 해답을 얻으려 하지 마라
그건 지금 당장 주어질 순 없으니까
중요한 건
모든 것을 살아보는 일이다
지금 그 문제들을 살라
그러면 언젠가 먼 미래에
자신도 알지 못하는 사이에
삶이 너에게 해답을 가져다 줄 테니까

'카르페 디엠carpe diem', '현재를 잡아라seize the day'라는 말의 색다른, 보다 구체적인 표현이라 할 수 있습니다. 개인적으로 '카르페 디엠'보다 '지금 그 문제들을 살라'는 표현을 더 좋아합니다. '카르페 디엠'에는 앞날에 대한 약속이 없고, '지금 그 문제들을 살라'에는 앞날에 대한 약속이 있어서인가 봅니다.

마거릿 애트우드 《페넬로피아드》

소설

물은 저항하지 않아. 물은 그냥 흐르지. 물속에 손을 담가도 그저 그 손을 쓰다듬으며 지나갈 뿐이야. 물은 딱딱한 벽이 아니라서 아무도 가로막지 못해.
그렇지만 물은 언제나 제가 가고 싶은 곳으로 가고야 말지. 물을 끝까지 가로막을 수 있는 것은 아무것도 없단다. 그리고 물은 참을성이 많아.
한 방울씩 떨어지는 물이 바위를 닳아 없어지게 하지. 그걸 잊지 마라, 내 딸아.
너도 절반은 물이라는 사실을 기억해. 장애물을 뚫고 갈 수 없다면 에둘러 가는 거야. 물이 그리하듯이.

김진준 옮김, 문학동네, 2024, 62쪽

☀ '물처럼 살라'는 추상적인 금언을 구체적으로 표현했습니다. 세상을 헤는 최고의 경지라 할 수 있습니다. 김수영의 시 〈풀〉과 함께 읽어도 좋겠습니다.

최승범
〈가락도 장단도 없는 즐거운 소음〉

사실 개구리 소리도 듣는 절기나 장소와 심경에 따라 다르게 들릴 것이다. 《전국책戰國策》에는 이런 이야기가 전해진다. 용왕이 개구리에게 그 거처, 그리고 기쁨과 노여움을 어떻게 표현하는가를 물었다.
개구리는 다음 같은 대답이었다.
" 저는 푸른 이끼와 푸른 풀과 맑은 샘과 흰 돌 사이에서 살고 있습니다. 기쁠 때엔 맑은 바람 밝은 달을 즐기며 북을 두들기고,
노여울 때엔 눈을 부릅뜨고 다시 배를 부풀려 웁니다.
그러나 배를 부풀려 올리다가도 지나쳤다 싶으면 쉽니다."

《소리, 말할 수 없는 마음을 듣다》, 이가서, 2007, 227쪽

세상에서 제일 자주 속이는 게 자신의 감정입니다. 기쁠 때는 기쁨을 표현하고, 노여울 때는 노여움을 표현하고. 딱 멋쟁이 개구리처럼 살아 봅시다. 또한 그 멋이란 지나쳤다 싶으면 멈추어 쉴 줄 아는 분별력과 자제력에서 나올 수 있습니다.

모리사와 아키오 《에밀리의 작은 부엌칼》   `소설`

오감을 총동원하면 이 마을에도 멋진 것들을 많이 발견할 수 있다—는 점을 알았기 때문에, 마음은 그나마 많이 가벼워진 편이었다. 투명한 여름의 아침 햇살, 천진난만한 고로의 미소. 블루 토파즈색 바다와 그 위를 지나는 상쾌한 바닷바람. 신사 주변 숲의 시원한 공기. 소리도 없이 떠오르는 솔개의 노랫소리. 작은 물고기 무리의 반짝임. 차가운 달빛. 소나기가 내린 뒤에 풍기는 흙냄새. 후미 씨가 기른 채소의 달콤함. 신페이 씨가 주는 신선한 생선의 감칠맛. 풍경의 음색. 할아버지가 만든 주옥 같은 요리들…….
나는 기쁜 것, 즐거운 것, 아주 좋아하는 것, 행복한 느낌이 나는 것, 아름다운 것, 기분 좋은 것……. 그런 것들을 발견해 마음을 의지하면서, 그럭저럭 기분 좋게 사는 요령을 터득하기 시작했다.

문기업 옮김, 문예춘추사, 2023, 322~323쪽

상처를 회복하는 방법입니다. 치명적인 상처를 입는다면 기꺼이 투항하세요. 숨기고 붕대로 칭칭 감아놓고 있으면 곪아서 썩습니다. 아무리 생각해도 우리에게는 상처 입지 않는 방법보다 상처에서 회복하는 방법을 터득하는 게 훨씬 유용합니다.

장 자크 루소 《고독한 산책자의 몽상》

(산문)

내가 긴 인생의 부침을 겪으면서 알게 된 것은, 추억이 나를 가장 강하게 끌어당기고 감동시키는 시기는 가장 달콤한 즐거움과 가장 강렬한 기쁨의 시기가 아니라는 것이다. 흥분과 열정의 그런 짧은 순간들은, 비록 강렬할 수는 있을지 몰라도 바로 그 강렬함 때문에 인생이라는 선 가운데에서 아주 듬성듬성한 점들에 불과할 뿐이다. 그 순간들은 너무나 희귀하고 빨리 지나가서 어떤 하나의 상태를 구성할 수가 없다. 하지만 나의 마음이 진정 아쉬워하는 행복은, 곧 사라져버릴 덧없는 순간들로 이루어져 있지 않은 소박하고 항구적인 하나의 상태로, 그 자체에는 강렬한 것이 전혀 없지만, 그것이 지속됨에 따라 매력이 증가하여 마침내 거기에서 비할 바 없는 지복을 발견하게 된다.

조명애 옮김, 은행나무, 2014, 114쪽

시인 윌리엄 워즈워스가 이 글에 영감을 받아 시 〈서곡〉에 '시간의 점들spots of time'이라는 표현을 썼습니다. 그에 따르면 시간의 점들은 어렸을 때부터 인생 곳곳에 흩어져 있어 높은 곳에 있을 때 더 높은 곳으로 오르게 하고, 쓰러질 땐 일으켜 세워준다고 합니다. 그렇게 과거가 현재를 살립니다. 소박하고 항구적인 하나의 상태, 시간의 점들을 차곡차곡 모아야겠습니다.

강은교 〈사랑법〉

떠나고 싶은 자
떠나게 하고
잠들고 싶은 자
잠들게 하고
그리고도 남는 시간은
침묵할 것.

또는 꽃에 대하여
또는 하늘에 대하여
또는 무덤에 대하여

서둘지 말 것
침묵할 것.

그대 살 속의
오래전에 굳은 날개와
흐르지 않는 강물과
누워 있는 누워 있는 구름,
결코 잠깨지 않는 별을

→ 뒷장에 이어서

강은교 〈사랑법〉

쉽게 꿈꾸지 말고
쉽게 흐르지 말고
쉽게 꽃피지 말고
그러므로

실눈으로 볼 것
떠나고 싶은 자
홀로 떠나는 모습을
잠들고 싶은 자
홀로 잠드는 모습을

가장 큰 하늘은 언제나
그대 등 뒤에 있다.

《꽃을 끌고》, 열림원, 2022

DATE . .

도연명 〈신석神釋: 정신이 몸과 그림자에게〉

자연의 조화에는 사사로움이 없고
모든 이치는 뚜렷이 드러나네
사람이 삼재 안에 서 있음은
나에서 비롯되는 것

비록 정신은 몸과 그림자와 다른 존재지만
태어나 서로 의지하며 살았네
서로 결탁하여 선과 악을 같이 하니
어떻게 서로 상관하지 않을 수 있을까

옛 삼황(복희 신농 황제)은 위대한 성인이지만
지금은 어디에 있는가
팔백년을 산 팽조는 장수를 즐겼다지만
결국 죽어 살아남지 못했네

늙건 젊건 다 죽기 마련이고
어진이와 어리석은 이 누구나 다시 살 수 없네
늘 취하면 혹 잊을 수 있을지 모르지만
오히려 늙음을 재촉하는 일

→ 뒷장에 이어서

• 삼재三才: 하늘天, 사람人, 땅地을 가리키며 만물의 근본을 뜻한다.

DATE . .

도연명 〈신석神釋: 정신이 몸과 그림자에게〉

선한 일을 이루면 기쁘다 하나
누가 있어 그대를 알아 줄 것인가
지나친 생각은 삶을 해칠 뿐
마땅히 자연에 맡겨 살아가야 하네

커다란 조화의 물결 속에서
기뻐하지도 두려워하지도 말게나
수명이 다하면 마땅히 받아들이고
다시는 혼자서 깊은 근심 말게

끝내야 할 곳에서 끝내버리고
다시는 혼자 깊이 생각 마시게

DATE . .

호모 엑스핑고로서 표현하기 11

우리에게는 어려운 상태에서 헤어 나오려 애쓴 기억이 있습니다.

당시에는 감정에 매몰되기 쉬워 객관적으로 기록하지 못하지요.

직전에 필사한 강은교 시 〈사랑법〉이나

도연명 시 〈신석: 정신이 몸과 그림자에게〉를 참고하여

당신이 헤어 나온, 헤쳐 나간 이야기를 표현하세요.

❹ 짓다

사람이 생존하기 위해 꼭 필요한 세 가지가 있습니다. 밥, 옷, 집.
우리말은 이 세 가지를 '만들다'라고 하지 않고 '짓다'라고 구분해 따로 씁니다.
뿐만 아니라 농사를 짓고, 약을 짓습니다.
이름을 짓고, 표정을 짓고, 무리를 짓고, 관련을 짓고, 구분을 짓습니다.
죄를 짓고, 매듭을 짓습니다.
이처럼 특별한 동사 '짓다'를 쓸 수 있는 유일한 예술적 행위가
'글'이라는 사실은 아무리 생각해도 오묘합니다.
특정한 분야에서 독자적인 경지나 체계를 이룬 상태를 두고
'일가一家를 이루었다'고 표현하는데
바로 풀면 집을 짓는 데 성공했다는 뜻이지요.
현실적으로 물리적인 집을 지을 일이야 거의 없더라도
나라는 집, 내 삶이라는 집만큼은 무사히 지어내야겠지요.
어떻게 해야 나와 내 삶이라는 집을 무사히 지을 수 있을까요.
결정적 장면이 될 수 있는 글들을 모았습니다.
'짓다'는 말·글이 가진 행위이자 방향입니다.
짓기 위해 표현하세요.
짓고 싶어 표현하세요.

허먼 멜빌 《모비 딕》 [소설]

그놈은 나를 제멋대로 휘두르며 괴롭히고 있다. 나는 놈에게서 잔인무도한 힘을 보고, 그 힘을 더욱 북돋우는 헤아릴 수 없는 악의를 본다.
내가 증오하는 건 바로 그 헤아릴 수 없는 존재야.
흰 고래가 앞잡이든 주역이든, 나는 그 증오를 녀석에게 터뜨릴 것이다.
천벌이니 뭐니 하는 말은 하지 마라.
나를 모욕한다면 나는 태양이라도 공격하겠다.
태양이 나를 모욕할 수 있다면 나도 태양을 모욕할 수 있을 테니까.

김석희 옮김, 작가정신, 2024, 251쪽

스타벅이 '흰 고래는 맹목적인 본능에 따라 공격했을 뿐'이라며 '멍청한 짐승 때문에 격분하는 것은 신성모독으로 보인다'고 말하자 에이헤브 선장이 응대한 말입니다. 그는 '삶이 그에게 주는 것은 무엇이든 받아들이는 동냥자루'가 되는 굴욕을 단호히 거부하고 맞서 싸우는 방식을 택합니다. 삶을 상대로 맹렬하게 투지를 불태우는 경험은 꼭 필요합니다. 결과는 장담할 수 없습니다. 그 경험이 삶을 어떤 방향으로 나아가게 하느냐는 인격에 달려 있으며, 어느 쪽으로든 더욱 확고해지겠지요.

호메로스 《일리아스》

불화는 신들과 인간들 사이에서 사라지기를!
그리고 현명한 사람도 화나게 하는 분노도 사라지기를!
분노란 똑똑 떨어지는 꿀보다 달콤해서
인간들의 가슴속에서 연기처럼 커지는 법이지요.
꼭 그처럼 저는 인간들의 왕 아가멤논에게 분노했어요.
하지만 아무리 괴롭더라도 지난 일은 잊어버리고
필요에 따라 가슴속 마음을 억제해야지요.
이제 저는 나가겠어요! 제가 사랑하는 사람을 죽인 헥토르를
만나기 위해. 제 죽음의 운명은 제우스와 다른 불사신들께서
이루기를 원하시는 때에 언제든 받아들이겠어요.

천병희 옮김, 숲, 2015, 533쪽

● 《일리아스》는 '일리온(트로이)'에 대한 시라는 뜻입니다. 아킬레스는 트로이를 침공한 그리스 연합군으로 출병합니다. 총지휘관인 메케네의 왕 아가멤논의 옳지 못한 행위에 격분해 출전을 중단했다가 사랑하는 친구 파트로클로스가 일리온(트로이)의 왕자 헥토르에게 죽자 출전을 결심합니다. 이때 어머니 테티스에게 하는 말입니다. 물의 여신 테티스는 침전하면 영웅으로 이름을 날리지만 전사하고, 참전하지 않으면 명예 없이 장수한다는 아들의 운명을 알고 있기에 어떻게든 막아보려 했지만 막을 수 없었지요. 아킬레우스는 자신이 죽을 줄 알고도 출전합니다. 실제 우리 역사에도 이러한 영웅들이 여럿 존재했지요. 계백 장군과 이순신 장군, 안중근 의사가 떠오릅니다. 교과서에서 처음 만난 이후로 그 심리가 오랫동안 궁금했습니다. 이제 답할 수 있습니다. 자신이 할 수 있고, 해야 하는 일을 했다고.

작자 미상 《바가바드 기타》

네 할 일은 오직 행동에만 있지, 결코 그 결과에 있지 않다.
행동의 결과를 네 동기가 되게
하지 마라. 그러나 또 행동 아니함에도 집착하지 마라.
(제2장 상카 요가 47절) (114쪽)

(주석)
함석헌 : 최고의 목적은 인간 앞에 벌써 놓여 있다. 자아의 실현, 또는 자유다.
모든 행동의 결과를 생각지 말라는 것도 이 목적을 위해서 하는 말이다.
(중략) 그렇다고 결과를 바라서는 아니 되기 때문에 결과를 가지지 못한다는
의미는 아니다. 반대로 결과를 포기하기 때문에 궁극의 결과는 더욱더
확실해진다.

함석헌 주석, 한길사, 1996, 114~115쪽

○ 단순히 '결과보다 과정이 중요하다'는 의미가 아닙니다. 앞 장에서 강조한, 내가 할 수 있고 해야 할 일을 한다는 의미에 가깝습니다. 세뇌된 결과중심주의에 사로잡힐 때마다 스스로 내려치는 죽비입니다.

오규원 〈발자국과 깊이〉

어제는 펑펑 흰 눈이 내려 눈부셨고

오늘은 여전히 하얗게 쌓여 있어 눈부시다

뜰에서는 박새 한 마리가

자기가 찍은 발자국의 깊이를

보고 있다

깊이를 보고 있는 박새가

깊이보다 먼저 눈부시다

기다렸다는 듯이 저만치 앞서 가던

박새 한 마리 눈 위에 붙어 있는

자기의 그림자를 뜯어내어 몸에 붙이고

불쑥 날아오른다 그리고

허공 속으로 들어가 자신을 지워버린다

발자국 하나 찍히지 않은

허공이 눈부시다

《새와 나무와 새똥 그리고 돌멩이》, 문학과지성사, 2005

☀ 추상적으로 감상하면 한없이 추상적일 수 있으나 무엇 하나 사실이 아닌 구절이 없습니다. 자기의 그림자를 뜯어내어 몸에 붙이고, 허공 속으로 들어가 자신을 지워버린다, 발자국 하나 찍히지 않은 허공,이라는 시적 표현까지도요. 그렇게 살고 싶어졌습니다.

유안진 〈상처가 더 꽃이다〉

어린 매화나무는 꽃 피느라 한창이고
사백 년 고목은 꽃 지느라 한창인데
구경꾼들 고목에 더 몰려섰다
둥치도 가지도 꺾이고 구부러지고 휘어졌다
갈라지고 뒤틀리고 터지고 또 튀어나왔다
진물은 얼마나 오래 고여 흐르다가 말라붙었는지
주먹만큼 굵다란 혹이며 패인 구멍들이 험상궂다
거무죽죽한 혹도 구멍도 모양 굵기 깊이 빛깔이 다 다르다
새 진물이 번지는가 개미들 바삐 오르내려도
의연하고 의젓하다
사군자 중 으뜸답다
꽃구경이 아니라 상처구경이다
상처 깊은 이들에게는 훈장勳章으로 보이는가
상처 도지는 이들에게는 부적符籍으로 보이는가
백 년 못 된 사람이 매화 사백 년의 상처를 헤아리랴마는
감탄하고 쓸어 보고 어루만지기도 한다
만졌던 손에서 향기까지 맡아 본다
진동하겠지 상처의 향기
상처야말로 더 꽃인 것을.

《알고考》, 천년의시작, 2009

어떤 상처는 악취를 풍기고, 어떤 상처는 향기를 풍깁니다. 생에 스며서 짙은 체취가 됩니다. 어딜 가도 진동합니다. 숨길 수 없습니다.

레너드 코헨 〈송가 Anthem〉 중에서

소리 낼 수 있는 종은 계속 울려라

완벽해지려 하지 마라
모든 것에는 금이 있기 마련
그곳으로 빛이 들어온다.

레너드 코헨 노래

종을 두고 운다, 울린다고 표현합니다. 종의 기능은 우는 데 있고 울리려면 때려야 합니다. '맞음'을 견디지 못하고 금이 가버리면 종으로써 위험천만입니다. 스스로 그런 '금간 종' 같을 때가 있습니다. 도리 없이 맞을 수밖에 없었고 하도 맞아서 금이 가기 시작했습니다. 그러나 약하지 않았다면 그래서 깨지지 않았다면 내 안으로 비쳐들지 않았을 빛줄기, 나는 하나의 커다란, 빛을 품은 종입니다.

오세영 〈그렇지 않더냐〉

모든 추락하는 것들이 거듭나나니
땅에 떨어져 새싹을 틔우는 씨앗이
그렇지 않더냐.
겨울의 마른 나뭇가지 위에서 뚝
떨어져 바닥에 나뒹구는 열매,
가문 허공에서 후두둑 떨어져 흙을
적시는 빗방울,
아래로 아래로 미련 없이 떨어지는 것들이 마침내
새 생명을 잉태하나니
어찌 바람에 흔들리는 나무라고
탓할 수 있으랴.

모든 금간 것들이 또 새로운 세상을 여나니
깨져 자신을 버림으로써 싹 틔우는 씨앗이 그렇지 않더냐.
금간 바위 틈새로 빠꼼히 내미는
난초 꽃 대궁,
갈라진 구름 틈새로 화안히 내비치는
맑은 햇살,

→ 뒷장에 이어서

오세영 〈그렇지 않더냐〉

한생을 다스려 집중한 그 절정의 순간에
바싹 깨져 빈 공간을 만드는 것들이 마침내
새 생명을 잉태하나니
어찌 봄밤에 스스로 금가는 바위라
탓할 수 있으랴

《시사백 사무사》, 푸른사상, 2025

우리가 인생에서 가장 피하고 싶고 두려운 말, '떨어지다', '깨지다'. 이 두 가지에 대한 인식을 완전히 뒤집었습니다. '마침내'와 가장 잘 어울리는 말들이지요. 드디어 마지막에는, 마침내. 그 후에 어떤 문장이 따르기를 바라나요?

김혜순 〈생일〉

아침에 눈뜨면

침대에 가시가 가득해요

음악을 들을 땐

스피커에서 가시가 쏟아져요

나 걸어갈 때

발밑에 쌓이던 가시들

아무래도 내가 시계가 되었나 봐요

내 몸에서 뾰족한 초침들이

솟아나나 봐요

그 초침들이

안타깝다

안타깝다

나를 찌르나 봐요

밤이 오면 자욱하게 비 내리는 초침 속을 헤치고

백 살 이백 살 걸어가보기도 해요

저 먼 곳에

너무 멀어 환한 그곳에

→ 뒷장에 이어서

DATE . .

김혜순 〈생일〉

당신과 내가 살고 있다고
아주 행복하다고
당신 생일날
그 초침들로 만든 케이크와 촛불로
안부 전해요

《슬픔치약 거울크림》, 문학과지성사, 2011

가시는 '바늘처럼 뾰족하게 돋친 것'이라는 풀이를 가지고 있습니다. 초침은 '시계에서 초를 가리키는 바늘'입니다. 가는 데마다 가득하고 쏟아지는 가시에, 매 초마다 자신을 찌르는 초침에 비명을 지르지 않습니다. 이제 초연합니다. 그러나 무뎌지지 않았고 잊지 않았으며 앞으로도 그러할 것입니다.

반칠환 〈웃음의 힘〉

넝쿨장미가 담을 넘고 있다
현행범이다
활짝 웃는다
아무도 잡을 생각 않고 따라 웃는다
왜 꽃의 월담은 죄가 아닌가?

《웃음의 힘》, 지혜, 2023

위트가 넘치지요. 너스레 같기도 하고요. 왜 꽃의 월담은 죄가 아닌지 묻는다면 동어 반복밖에 답이 없습니다. 꽃이니까요. 아름다울 뿐 아니라 남을 해치고 자기 잇속을 챙기려는 꿍꿍이나 속셈이 없다는 사실을 모두 아니까요. 세상에서 가장 높은 마음의 벽을 넘는 방법이자 모든 예술가가 꿈꾸는 목표입니다. 뇌과학자 요로 다케시가 말했습니다. '인간이 모두 예술가라는 사고방식이 사라졌기 때문에 예술이 약해진 거'라고.

오희삼 〈돌매화, 별을 사랑한 화구벽의 눈물〉

세모시 치맛자락 같은 안개들이 화구벽을 감싸듯이 껴안습니다.
그 바위의 정수리에 우리나라에서는 이곳 한라산에서만 피어나는 꽃 한 송이 자랍니다. 바로 돌매화나무 꽃이지요. 돌매화나무는 지구상에서 가장 키가 작은 나무입니다. 다 자란 나무의 키가 고작 2센티미터에 불과해서 나무라고 부르기에도 민망할 것만 같습니다. 그렇지만 돌매화나무는 크기만 작을 뿐 줄기와 잎이 엄연히 구별되는 나무입니다.
한라산 정상 수직의 벼랑에서 바위 위에 뿌리 내려 자라는 돌매화 줄기는 너무나도 짧아서 겉으로는 잎들만 보일 뿐입니다. 주먹만한 잎새 무리들이 바위 위에 동글동글 박혀 있는 모습이 너무나도 위태로워 보이기도 합니다. 사나운 회오리바람이 몰아치거나 폭우라도 내린다면 폭풍우에 휩쓸려 벼랑 아래로 떨어질 것만 같아서지요. 그래서인지 몰라도 돌매화 잎들은 서로가 서로에게 의지하며 절벽으로 떨어지지 않으려고 꼭 껴안고 있는 것만 같습니다.

《한라산 편지》, 터치아트, 2009, 90쪽

바위에 달라붙어 자라는데 꽃이 매화를 닮았다고 해서 '암매'로도 불립니다. 돌매화나무는 한국에서 한라산 백록담(표고 1,841.7m) 부근에만 자생합니다. 그 험난한 곳에서 세상에서 가장 작은 나무가 생존한 방식을 기억하세요. 사는 일이 고달플 때 자존심보다 이 방식을 꼭 먼저 챙겨 쓰세요.

미야자와 겐지 《비에도 지지 않고》

비에도 지지 않고 바람에도 지지 않고
눈에도 여름 더위에도 지지 않는
튼튼한 몸으로 욕심은 없이
결코 화내지 않으며 늘 조용히 웃고
하루에 현미 네 홉과 된장과 채소를 조금 먹고
모든 일에 자기 잇속을 따지지 않고
잘 보고 듣고 알고 그래서 잊지 않고
들판 소나무 숲 그늘 아래 작은 초가집에 살고
동쪽에 아픈 아이 있으면 가서 돌보아 주고
서쪽에 지친 어머니 있으면 가서 볏단 지어 날라 주고
남쪽에 죽어가는 사람 있으면
가서 두려워하지 말라 말하고
북쪽에 싸움이나 소송이 있으면
별거 아니니까 그만두라 말하고
가뭄 들면 눈물 흘리고
냉해 든 여름이면 허둥대며 걷고
모두에게 멍청이라고 불리는
칭찬도 받지 않고 미움도 받지 않는
그러한 사람이 나는 되고 싶다

엄혜숙 옮김, 그림책 공작소, 2015

○ 그대로 다 지키긴 힘들 것 같습니다. 우선 하루에 현미 네 홉(한 홉은 180ml)은 저한테 너무 많아 다 못 먹습니다. 이런 식으로 대꾸하면 시와 전혀 상관없는 얘기를 하는 거지요. 그대로 다 할 수 없다는 사실을 뻔히 알면서도 읽고 있으면 정신이 정화됩니다. 세수를 하고 거울을 쳐다보는 것처럼 내가 어떻게 살고 있는지 볼 수 있습니다. 그래서 읽고, 다시 읽지요.

박경리 《약이 되는 세월》

처음 맞이하는 듯한 이 봄, 내 앞에서 손짓하고 마음속에는 샘이 솟아나고, 꿈속에서 흘린 그 숱한 눈물과 온갖 고통과 조그마한 아주 조그마한 행복과 그런 것들이 모조리 꽃피어 나야 할 것 같다. 그 꿈들이 오늘날 나에게 준 적은 돈과 명성은 한갓 포장지 같은 것, 진실로 큰 선물은 이제 잠이 깨어 봄이 분명하게 내 속에 있다는 그것이다.

또다시 고통이 오고 슬픔이 오고 여름이 오고, 겨울이 오고, 그것은 명확하게 알고 있다. 그러나 그것은 이제 꿈속의 그것이 아니며 잠을 깨어 눈으로 보는 것 같다. 봄이 가도 이제는 봄을 기다릴 것이다.

다산책방, 2025, 89~90쪽

☀ '진실로 큰 선물'을 받았음을 통절히 깨달을 때, 봄이 가도 아쉬워하지 않고 봄을 기다릴 수 있을 때, 나라는 집, 나의 삶이라는 집은 무사히 지어졌습니다. 제가 믿는 자아 성취이며 성공입니다.

호모 엑스핑고로서 표현하기 12

한 채의 집은 인간의 육신과 많은 점에서 유사합니다.

또한 정신과도 유사하지요.

지금까지 당신이 필사한 글을 바탕으로

'당신'이 짓고 싶은 집을 여기 표현해보세요.

그림으로 그려도, 글로 지어도 좋습니다.

당신이 짓고 있는 삶을

먼 곳에서 응원하는 글들이 있다는 사실을 기억하세요.

하루 한 장
나의 표현력을 위한
필사 노트

초판 1쇄 인쇄 2025년 11월 5일
초판 1쇄 발행 2025년 11월 12일

지은이 유선경
펴낸이 최순영

출판1 본부장 한수미
라이프 팀장 곽지희
편집 이선희
디자인 홍세연

펴낸곳 ㈜위즈덤하우스 **출판등록** 2000년 5월 23일 제13-1071호
주소 서울특별시 마포구 양화로 19 합정오피스빌딩 17층
전화 02) 2179-5600 **홈페이지** www.wisdomhouse.co.kr

ISBN 979-11-7171-537-4 03800

*KOMCA 승인필

- 이 책의 전부 또는 일부 내용을 재사용하려면 반드시 사전에 저작권자와 ㈜위즈덤하우스의 동의를 받아야 합니다.
- 인쇄·제작 및 유통상의 파본 도서는 구입하신 서점에서 바꿔드립니다.
- 책값은 뒤표지에 있습니다.

값 23,800원
ISBN 979-11-7171-537-4 (03800)